Elana Liehmar

Abenteuer Führung

Tipps aus der Praxis zur Fehlervermeidung und Selbstreflexion

IMPRESSUM

Texte Copyright © 2018 Elana Liehmar, Liehmar@web.de

Bildmaterialien Copyright © 2018 Elana Liehmar, erstellt durch Elana Liehmar mittels Amazon Cover Creator

Alle Rechte vorbehalten
ISBN: 9781790103898

Inhalt

Vorwort 5
Geschlechterspezifische Unterschiede 8
    Der feine Unterschied beim Toughsein 9
    Gefühle und ähnliche Dinge 11
    Das eigene Selbstverständnis 13
    Was treibt uns an? 15
Grundsätze zum Thema Führung 17
Anforderungen an erfolgreiche Führungskräfte 21
Die verschiedenen Cheftypen 30
    Der lockere und kumpelhafte Typ 31
    Der partnerschaftliche Typ 32
    Der ernste und sachliche Typ 33
    Der Kontrolleur 34
    Der Selbstdarsteller 35
    Der Choleriker 36
    Der Blender 37
    Der Undankbare 38
Führungsstile 39
    Führungsstile nach Kurt Levin 40
        Autoritärer Führungsstil 40
        Kooperativer Führungsstil 42

Der Laissez-faire-Führungsstil 44

Weitere Führungsstile 46

Der Führungsstil „Zuckerbrot und Peitsche" 46

Situativer Führungsstil 48

Die wichtigsten Rollen einer Führungskraft 53

Führen auf Distanz 58

Führung in Veränderungsprozessen 65

Beliebte Motivationskiller 74

Feedbackregeln 82

Die wichtigsten Erkenntnisse 91

Der schlaue Kommentar am Ende 98

Danksagung 100

Vorwort

Mitarbeiterführung – wie geht das denn?

Oh ja, viele Wege führen ans Ziel oder ins Chaos, allerdings ist nicht jeder Weg effektiv oder gar empfehlenswert.

Es sind Ihre Entscheidungen und Ihr Verhalten als Führungskraft, ob Ihr Weg zum Albtraum wird oder enormen Spaßfaktor aufweist – ach ja, und dazwischen gibt es natürlich noch unzählige Ausprägungen. Eines ist jedoch gewiss, es liegt sehr viel in Ihrer Hand, wie Sie Ihre Führungsrolle leben und sich Ihren Mitarbeitern gegenüber verhalten. Übrigens werden Sie sehr schnell merken, dass der menschliche „Tierpark" sehr vielfältig, interessant, abwechslungsreich, aber auch mitunter nervtötend sein kann.

Nun zu mir. Wie komme ich zu der Meinung, dass ich Ihnen Tipps geben könnte?

Zwanzig Jahre lang war ich eine weibliche Führungskraft und Managerin in einem der größten DAX-Unternehmen in Deutschland. Dabei habe ich in den Jahren von 1996 bis 2016 insgesamt ungefähr ein Dutzend gravierende organisatorische Änderungen in verschiedenen Fachbereichen erlebt und mitgestaltet. Damit verbunden war jedes Mal der Aufbau von neuen Teams, wobei mein kleinstes Team aus sechs und mein größtes Team aus vierhundert Mitarbeitern bestand. Zudem arbeitete ich zwölf Jahre an verschiedenen Standorten in

Deutschland, die zwischen 120 und 600 km von meinem Wohnort entfernt lagen.

Diese Zeit war eine schier unendliche Quelle an positiven, negativen, lustigen und auch qualvollen Momenten, die alle ihren Ursprung in der Führung von Menschen hatten. Dabei machte ich insbesondere die Erfahrung, dass ich selbst auch nur ein Mensch und himmelweit davon entfernt bin, perfekt oder es nur annähernd zu sein. Tja, der Mensch hat seine Stärken, aber auch seine Unzulänglichkeiten, mit denen er es regelmäßig schafft, sich selbst das Leben schwer zu machen.

Ein zusätzliches Risikopotenzial verbarg sich jedoch auch in der Schar an Mitarbeitern, die das Vergnügen oder das Problem hatten, mich als Chefin erdulden zu müssen. Dabei kann allein schon der Start in ein neues Leben als Führungskraft für Abwechslung sorgen.

So wurde ich bei meinem ersten Job mit Führungsaufgaben am ersten Tag innerhalb der ersten halben Stunde von meinen neuen Mitarbeitern mit dem liebevollen und überaus freundlich vorgebrachten Kommentar begrüßt: „Ihre Vorgängerin hatten wir nach drei Monaten erfolgreich vergrault. Mal schauen, wie lange es bei Ihnen dauern wird." Dieser Tag fing auf jeden Fall mit einem gewaltigen Adrenalinschub an und versprach viel Spannung (im wahrsten Sinne des Wortes) …

In meinen Anfängen als Führungskraft befand ich mich zudem in der sehr interessanten und spannenden Lage, eine muntere Schlägerei zwischen erwachsenen, kräftigen, männlichen Mitarbeitern zu schlichten, ohne dabei selbst als Punchingball zu enden. Tja, langweilig ist das Führungsleben auf jeden Fall schon mal nicht, herausfordernd jedoch mit Sicherheit.

So machte ich auf meinem Weg manche Fehler, die nicht wirklich gut waren. Auf Grund des Nichtvorhandenseins eines passenden Mentors durfte ich mit Anlauf in alle Fettnäpfchen reinhüpfen, die sich auf meinem Weg auftaten. Eines ist sicher – gelernt habe ich dabei jede Menge.

Nun möchte ich Ihnen meine Erfahrungen schildern und bewährte Praxistipps weitergeben, um Ihnen entweder den Start oder Ihr Dasein als Führungskraft zu erleichtern. Dabei will ich noch betonen, dass ich nicht vorhabe, eine Zusammenfassung von wissenschaftlichen Studien zu erstellen. Nein, ich möchte Ihnen auf Basis meiner persönlichen Erlebnisse die Erkenntnisse aus begangenen Fehlern, erzielten Erfolgen und aus Rückmeldungen meiner Mitarbeiter schildern. Was Sie daraus mitnehmen, entscheiden Sie selbst.

Es spielt übrigens keine Rolle, welchem Geschlecht Sie angehören und ob Sie eine Krawatte oder einen Rock tragen. Entscheidend ist Ihre Persönlichkeit, ob Sie erfolgreich sein werden. Also machen wir uns nun gemeinsam auf den Weg, um das Abenteuer Führung genauer zu erkunden.

Geschlechterspezifische Unterschiede

Gibt es einen Führungsstil, der mehr von Frauen oder mehr von Männern angewendet und bevorzugt wird?

Auf Grund meiner Erfahrungen vertrete ich die Meinung, dass es keinen typisch weiblichen oder männlichen Führungsstil gibt. Allerdings unterscheiden sich Frauen und Männer in ihren Fähigkeiten, Talenten, Vorgehensweisen und Zielen. Zudem besteht ein deutlicher Unterschied in der Wahrnehmung von außen, nämlich wie Führungskräfte von den Menschen in ihrer Umgebung gesehen werden.

Hierbei spielt nicht nur das Verhalten der jeweiligen Führungskraft eine Rolle, sondern auch anerzogene Verhaltens- und Rollenmuster, deren Grundstein bereits bei jedem von uns in der Kindheit angelegt wird. Zusätzlich werden wir auch von gesellschaftsspezifischen Ansichten und Meinungen unser ganzes Leben lang beeinflusst.

Welche Erwartungen werden an uns gestellt? Welches Verhalten wird unterschiedlich ausgelegt? Welche Dinge beeinflussen das Image einer Führungskraft? Was unterscheidet eine Frau von einem Mann in einer Führungsrolle? Das sind einige Fragen, die es zu beantworten gilt. Deshalb schauen wir uns nun die wesentlichen Unterschiede und die damit verbundenen Erkenntnisse etwas genauer an.

Der feine Unterschied beim Toughsein

Von einer Führungskraft wird natürlich erwartet, dass sie sich durchsetzen kann. Wird hier der gleiche Maßstab zwischen Mann und Frau angelegt? Eher nicht.

Bei einem Mann wird sein energisches Auftreten als durchsetzungsstark anerkannt und sehr positiv bewertet. Da fallen einem sofort Aussagen ein wie „wow- der weiß, was er will", „der lässt sich nicht die Butter vom Brot nehmen", „den zieht so leicht keiner über den Tisch", „der weiß sich seiner Haut zu wehren" und „der steht seinen Mann". In der Regel finden wir das Auftreten eines solchen Mannes beeindruckend und respektieren ihn in seiner Rolle.

Wie sieht das nun bei einer Frau aus, die tough auftritt? Sehr häufig fallen hier sehr schnell Begriffe wie „ die hat Haare auf den Zähnen" sowie „Beißzange" und „Wuchtbrumme". Das Ansehen einer Frau unterscheidet sich in diesem Falle gravierend von den männlichen Kollegen. Von ihr werden eher „weiche" Tugenden erwartet wie Anpassungsfähigkeit, Mütterlichkeit, Hilfsbereitschaft und solche Dinge. Aber mal ehrlich, Mädels und Jungs – das eine schließt doch das andere nicht aus!

Welche Erfahrungen habe ich in meinem Berufsleben hierzu gemacht? In meinen Anfängen war ich deutlich schüchterner und zurückhaltender als in späteren Zeiten. Das wurde mir sofort als Schwäche und Unsicherheit ausgelegt, obwohl ich lediglich niemanden in meiner Umgebung verletzen wollte.

Also erkannte ich, dass ich in dieser Hinsicht wohl dazulernen musste, indem ich klare und unmissverständliche Botschaften sendete, nicht klein beigab und mich mit fundierten Sachargumenten gegen verbale Angriffe verteidigte. Das brachte mir allerdings in meinem Berufsleben verschiedene Spitznamen ein, die immer irgendwie und irgendwann den Weg zu mir fanden.

Mein erster Spitzname war „blonder Engel" – der war wirklich sehr schön und sehr schmeichelhaft. Mein zweiter Spitzname war „Barbiepuppe" – der war nicht mehr ganz so schmeichelhaft. Mit steigendem Durchsetzungsvermögen folgten nun Bezeichnungen wie „Beißzange", „die möchte ich nicht zu Hause haben" und „die hat aber Haare auf den Zähnen". Ja, dann war es eben so und manchmal antwortete ich auf eine solche Bemerkung mit dem Satz: „Heute Morgen hat mein Rasierapparat versagt."

Im Gegenzug wird ein weniger energisches Auftreten sofort von unserer Umgebung als zu wenig „straight" oder zu lasch angesehen. Da soll man es als Frau einmal recht machen können. Aber egal, in der Realität muss jede für sich eine Entscheidung treffen, welchen Weg sie gehen will.

Für mich habe ich entschieden, dass ich lieber energischer und durchsetzungsstark sein wollte. Damit musste ich allerdings auch zeitgleich an meinem persönlichen „dicken Fell" arbeiten, um mich durch wenig schmeichelhafte Bezeichnungen nicht verletzen zu lassen.

Übrigens, es soll auch vorkommen, dass Männer als zu tough angesehen werden. In diesem Zusammenhang haben Sie bestimmt schon die Begriffe „Kampfpanzer" und „ohne Rücksicht auf Verluste" gehört. Hier hören wir dann sehr häufig militärische Begrifflichkeiten, die aber das Gleiche ausdrücken sollen wie die weiblichen Bezeichnungen.

Das Fazit ist allerdings eindeutig: Beim Toughsein werden unterschiedliche Maßstäbe angelegt und Frauen werden von ihren Mitmenschen völlig anders als Männer bewertet.

Gefühle und ähnliche Dinge

Bestimmt kennen Sie die Aussage „Männer handeln rational und Frauen emotional". Das halte ich eindeutig für ein Gerücht! Ich glaube nämlich, dass es hier auf beiden Geschlechterseiten unzählige Ausprägungen und Mischformen gibt.

Ich brauche nur von mir selbst ausgehen. Von meiner ursprünglichen Ausrichtung her bin ich nämlich ein Kopfmensch. Das bedeutet, dass ich Entscheidungen in erster Linie auf Basis von Sachargumenten und rationalen Aspekten treffe. Bin ich deswegen weniger eine Frau? Nö. Allerdings habe ich gelernt, zusätzlich auf mein Bauchgefühl zu hören. Wer hat mir diesen Tipp gegeben? Mein Mann. Dazu bedurfte es bei mir jedoch einiger Übung, denn ich musste meine innere Stimme erst finden und sie zu verstehen lernen.

Mit viel Training gelang es mir, meine Entscheidungen nach dem Kopf zu treffen und anschließend mit meinem Bauchgefühl abzugleichen. Hierzu musste ich lernen, in mich hineinzuhören und zu erkennen, wie sich das Ganze in meinem Inneren anfühlte.

Bei einem positiven Gefühl wusste ich, dass mein Bauchgefühl mit meiner durch den Kopf getroffenen Entscheidung übereinstimmte. Natürlich habe ich auch experimentiert und anschließend festgestellt, dass diejenigen Entscheidungen die besten waren, bei denen Kopf und Bauchgefühl übereinstimmten. Rückblickend muss ich zugeben, dass mein Bauchgefühl immer richtig lag und im Vergleich dazu meine reinen Kopfentscheidungen nicht immer optimal ausfielen.

Es gibt noch einen weiteren Aspekt, den wir betrachten müssen und bei dem tatsächlich ein Unterschied zwischen den Geschlechtern besteht.

Von Frauen wird erwartet, dass diese ihre eigenen Gefühle und die ihrer Mitmenschen bewusst wahrnehmen und die Stimmungslagen erkennen können. Stimmt das? Ja! Frauen spüren die Stimmung ihres Gegenübers und sie spüren auch mehr, als dieser mit Worten ausdrückt – sie müssen nur aufmerksam „hinhören". Diese Sensibilität ihren Mitmenschen gegenüber erleichtert ihnen die Zusammenarbeit mit den verschiedenen Mitarbeitertypen.

Meist verfügen Frauen auch über ein höheres Einfühlungsvermögen, ein stärker ausgeprägtes Fingerspitzengefühl und diplomatisches Geschick als Männer, was ihnen in schwierigen Situationen oder Gesprächen zugutekommt. Sie können sich leichter in die Lage ihres Gegenübers versetzen und dessen Gefühlslage nachvollziehen.

Diese Fähigkeit üben bereits kleine Mädchen im Umgang in der Gruppe mit anderen Mädchen und lernen somit, von klein auf mit Gefühlen umzugehen, diese auszudrücken und auf das Wohl der Gruppe zu achten. Dagegen beschäftigen sich kleine Jungs mit dem Konkurrieren um „schneller, weiter, besser, höher".

Männliche Führungskräfte tun sich meist etwas schwerer mit der Gefühlslage und der Empfindsamkeit ihrer weiblichen Mitarbeiter, da sie ihren Fokus eher auf Zahlen, Daten, Fakten richten. Dabei kann das seelische Verletzungsrisiko auf Seiten einer Mitarbeiterin gelegentlich schon sehr hoch sein. Aber auch hier gibt es die unterschiedlichsten Ausprägungen, indem manche Männer eine sehr starke „weibliche Seite" besitzen und manche Frauen nur eine Sparvariante an Einfühlungsvermögen abbekommen haben. Die Menschen sind eben sehr verschieden, lassen sich nicht alle über einen Kamm scheren und das ist auch gut so!

Das eigene Selbstverständnis

Das Selbstverständnis prägt maßgeblich das eigene Führungsverhalten und die Erwartungshaltung an die Mitarbeiter im Team.

Männer sehen in Führung ein Machtinstrument. Sie sehen sich selbst als Alphatier und erwarten, dass ihre Mitarbeiter ihnen folgen und ihre Anordnungen umsetzen. Dabei sind sie meist hierarchisch ausgerichtet und bewerten ihren persönlichen Erfolg nach der Stufe in der Hierarchie, auf der sie stehen. Persönlich habe ich sehr häufig die Erfahrung gemacht, dass Informationen an Mitarbeiter nur selektiv und reduziert weitergegeben werden, je nachdem wie stark das Alphatier-Syndrom ausgeprägt war.

Auch Kommunikation wird als ein Machtinstrument angesehen. So konnte ich über viele Jahre hinweg einen Kollegen als Führungskraft beobachten, der Kommunikation und Information sehr gezielt einsetzte. Er hatte an sich selbst den Anspruch, immer am meisten zu wissen wie zum Beispiel über bevorstehende organisatorische Änderungen, personelle Veränderungen, betriebliche Entwicklungen und ja, sogar über Gerüchte.

Er fühlte sich nicht wohl, wenn eine andere Person über mehr Wissen verfügte als er, denn das kratzte deutlich an seinem Selbstverständnis als die Nummer eins im Team. Entsprechend sparsam fiel auch seine Weitergabe von wichtigen betrieblichen Informationen aus, was jedoch zu keiner guten Stimmung in seinem Team führte.

Das Alphamännchen-Syndrom war hier eindeutig zu stark ausgeprägt und diese Meinung war bei seinen Mitarbeitern im Team unabhängig vom Geschlecht vorhanden. In diesem Fall waren einmal Mann und Frau auf Anhieb gleicher Meinung. Dem Kollegen halfen die entsprechenden Rückmeldungen jedoch nicht weiter, denn er konnte nicht aus seiner Haut heraus und war nicht in der Lage, sein Verhalten entsprechend zu ändern – schade.

Im Gegensatz hierzu verfügen Frauen über ein ganz anderes Selbstverständnis. Sie sehen sich selbst als Teammitglied und wollen anerkannt und respektiert werden. Ihnen liegt auch sehr viel an einer guten Zusammenarbeit und einer positiven Stimmung im Team. Natürlich sind sie genauso stark daran interessiert wie ihre männlichen Kollegen, die vorgegebenen Ziele zu erreichen - das Zusammenspiel im Team ist jedoch ein anderes.

So hat jedes Geschlecht seine eigenen Vorstellungen von seiner Rolle als Führungskraft, die sich im Alltag spürbar unterscheiden. Entsprechend unterschiedlich werden sie auch von ihren Mitarbeitern wahrgenommen.

Was treibt uns an?

Unterscheidet sich die Führungsmotivation zwischen Mann und Frau? Ja, und zwar deutlich. Es sind aus meiner Sicht unterschiedliche Dinge, die uns antreiben, eine Führungsaufgabe zu übernehmen.

Bei Männern stehen das Anstreben einer Machtposition im Vordergrund sowie das höhere finanzielle Einkommen und der damit verbundene materielle Wohlstand. Männern ist es wichtig, die Nummer eins zu sein, auf die alle hören und die das Sagen hat. Direkt damit verbunden sind auch ihr Selbstwertgefühl und ihr Selbstbewusstsein.

Für Frauen dagegen bedeutet eine Führungsfunktion eine persönliche Entwicklung. Dabei ist ihnen wichtig, dass ihr Tun sinnvoll ist und einen Beitrag zum Großen und Ganzen leistet. Ihr Blick ist in der Regel auch viel stärker auf die Entwicklung ihrer Mitarbeiter gerichtet, indem sie diese fordern und fördern wollen. Ihr vorrangiges Ziel besteht in der Möglichkeit des Mitgestaltens und es geht ihnen nicht an erster Stelle um Macht oder die finanzielle Situation, sondern um die Aufgabe an sich.

Sie glauben das nicht? Dann kann ich Ihnen nur empfehlen, beobachten Sie einmal entweder Ihren eigenen Chef im Alltag genauer oder Ihre Kollegen/innen auf Ihrer Ebene. Tja, ich denke, Sie werden deutlich mehr Spaß in langweiligen Meetings haben als bisher.

Wie bereits erwähnt, gibt es natürlich die unterschiedlichsten Ausprägungen bei männlichen und weiblichen Führungskräften und zwischen der Schwarz-Weiß-Sicht gibt es viele Grautöne. Deshalb sollen diese Merkmale auch keine generelle Pauschalisierung darstellen, sondern sie sollen Sie sensibilisieren, die Unterschiede in der Praxis zu erkennen, um sie einschätzen zu lernen.

Die Kenntnis der geschlechterspezifischen Unterschiede soll Ihnen zudem als Anregung dienen, Denkanstöße zur Selbstreflektion bieten und Ihnen helfen, den Glauben an sich selbst nicht zu verlieren.

Grundsätze zum Thema Führung

Was ist Führung?

Ich denke, wenn Sie fünf Personen fragen, werden Sie vermutlich mindestens sechs verschiedene Antworten erhalten. Je nachdem wie jeder Einzelne seine Prioritäten setzt und was ihm wichtig erscheint. Dennoch gibt es aus meiner Sicht ein paar Dinge, die den sogenannten gemeinsamen Nenner darstellen. Führung ist die Fähigkeit, Einfluss auf andere Menschen und deren Verhalten auszuüben mit dem Ziel, dass die Unternehmensziele erreicht werden.

Das klingt ja soweit ganz einfach. Die Herausforderung besteht jedoch in der praktischen Umsetzung. Insbesondere beim Thema Führung ist das „Wie" von großer Bedeutung. Denn zwischen einer Führungskraft mit Feldwebel-Charakter und einem Schmusekätzchen/-kater liegen viele verschiedene Ausprägungen. Seinen eigenen Weg zu finden, um die Mitarbeiter mitzunehmen, zu motivieren, mit ihnen gemeinsam erfolgreich zu sein und die gesteckten Ziele zu erreichen, ist eine hohe Kunst.

In meinem Berufsleben habe ich mir so oft sagen lassen, dass sich das bisschen Führung doch mit links machen lässt und dass der Fokus einer Führungskraft auf dem Fachwissen liegen sollte. Tja, da bin ich nun mal ganz anderer Meinung.

Eine Führungskraft soll aus meiner Sicht nicht der beste Experte mit dem größten Detailwissen im Team sein.

Ansonsten stellt sich sehr schnell die Frage, wozu er oder sie Mitarbeiter braucht. Mal ehrlich – eine Führungskraft soll aber auch nicht völlig ahnungslos in Fachthemen sein, denn in solchen Fällen wird es schwierig, sinnvolle Entscheidungen zu treffen und sich den Respekt von Mitarbeitern zu erarbeiten.

Führung ist aus meiner Sicht ein Fulltime-Job, der nicht nebenbei gemacht werden kann. Effektive Führung erzielt langfristige Ergebnisse, die nicht nur in der Erreichung von Unternehmenszielen bestehen. Insbesondere zeigt sie sich darin, ob die Mitarbeiter im Team motiviert und begeistert mitarbeiten und ob ein Arbeitsklima im Team herrscht, das von Vertrauen, gegenseitiger Wertschätzung und Respekt geprägt ist. Es gibt hierzu ein gutes „Messinstrument", nämlich die Abwesenheit der Führungskraft.

Schauen Sie sich einmal Teams an, in denen der Chef zum Beispiel in Urlaub ist. Funktioniert alles, dann hat er bzw. sie gute Arbeit geleistet, denn das Team ist gut aufgestellt, hat die richtige Motivation und die Mitarbeiter wissen genau, was zu tun ist.

Persönlich war ich immer sehr froh, wenn ich im Urlaub entweder gar keine oder nur wenige Anrufe erhielt. So konnte ich mich erholen und wusste, dass meine Mitarbeiter mir zeigen wollten, dass es für einen befristeten Zeitraum auch ohne mich ging und sie eigenverantwortlich sowie zielorientiert arbeiten konnten. Nun ja, es war nicht wichtig, was passierte, wenn ich anwesend war. Wichtig war, was geschah, wenn ich nicht da war.

Von einer Illusion musste ich mich allerdings bereits sehr früh verabschieden. In meinen jungen Jahren war ich bestrebt, es jedem recht zu machen und bei allen Mitarbeitern beliebt zu sein. Entsprechend stark war mein Harmoniebedürfnis ausgeprägt und meine Erwartungshaltung an mich selbst sehr hoch. Tja, Sie können es sich bestimmt schon denken, dass das mit der Umsetzung in der Praxis nicht so ganz geklappt hat.

Es gab immer Mitarbeiter, die mit meinen Entscheidungen oder meiner Vorgehensweise nicht einverstanden waren, egal was oder wie ich etwas gemacht habe. Außerdem erkannte ich sehr schnell, dass ich nicht jedermanns Liebling sein konnte, denn dazu sind die Menschen zu verschieden und entsprechend stimmt manchmal die Chemie eben nicht.

Es dauerte etwas, bis ich für mich verstanden hatte, dass meine Mitarbeiter mich nicht lieben müssen, sondern dass respektieren auch ausreicht. Ab diesem Zeitpunkt war mir jedoch klar, dass die Meinung der Mehrheit in meinem Team für mich wichtig war und nicht die der Minderheit.

Übrigens habe ich auch die Erfahrung gemacht, dass bei manchen Mitarbeitern alle meine Anstrengungen vergeblich waren, und zwar allein wegen der Tatsache, dass ich eine Frau bin. Ein männlicher Mitarbeiter wechselte das Team mit der Begründung: „Ich muss schon zu Hause meiner Frau folgen, da will ich im Geschäft nicht auch noch eine Frau als Chef haben, die mir sagt, was ich zu tun habe." Tja, das war dann klar und deutlich und ich versuchte, es nicht persönlich zu nehmen.

In vielen Fällen hilft es weiter, nicht jedes Wort auf die Goldwaage zu legen oder alles zu persönlich zu nehmen. Das eigene „Verletzungsrisiko" reduziert sich dadurch deutlich und der Kopf ist wieder frei für den Problemlösungsmodus.

Es sei auch erwähnt, dass die Aspekte zur erfolgreichen Führung ebenfalls auf Teams übertragbar sind, die im Alltag nicht regelmäßig zusammenarbeiten wie zum Beispiel in temporären Projekten. Je mehr ein Projektleiter von Führung versteht, umso besser funktioniert auch die Zusammenarbeit im gesamten Projekt.

Die Voraussetzung für effektive Führung ist ein gewisses Grundtalent in Form von bestimmten Fähigkeiten, die jede Führungskraft mitbringen sollte. Durch die Teilnahme an Schulungsmaßnahmen können viele Führungsinstrumente und Techniken erlernt werden. Allerdings kann meines Erachtens nach nichts ausgebaut werden, was so gar nicht vorhanden ist.

Gute Führung will gelernt sein und erfordert eine ständige Weiterentwicklung der eigenen Person. Bei diesem Thema lernt man niemals in seinem Leben aus und ich kann Ihnen nur den Tipp geben, ruhen Sie sich nicht auf Ihren erreichten Lorbeeren aus, überschätzen Sie nicht Ihre eigenen Fähigkeiten und überprüfen Sie regelmäßig Ihre Verhaltensweisen.

Anforderungen an erfolgreiche Führungskräfte

Von Führungskräften wird erwartet, dass sie kompetent und ständig „Herr der Lage" sind. Soweit so gut – aber was bedeutet das hinsichtlich konkreter Anforderungen und Fähigkeiten? Was macht eine gute Führungskraft aus?

Diese Frage habe ich in meinem Berufsleben immer wieder verschiedenen Mitarbeitern gestellt. In den vielen Jahren als Führungskraft führte ich ungefähr hundert Auswahlgespräche durch. Auch diesen Bewerbern stellte ich die gleiche Frage und war überrascht über die Vielfalt der Antworten. Allerdings kristallisierten sich sehr schnell mehrere Schwerpunkte heraus, die am häufigsten genannt wurden.

Durchsetzungsvermögen

Da in der Arbeitswelt ein sehr hoher Druck und Konkurrenzkampf herrscht, wird von Führungskräften erwartet, dass diese nicht beim kleinsten Widerspruch einknicken und ihre Überzeugungen aufgeben. Sie kennen bestimmt den Spruch: „Der wechselt seine Meinung häufiger als seine Unterwäsche." Es handelt sich hierbei auf jeden Fall nicht um ein Kompliment. Da war ja noch die Sache mit dem Toughsein. Ja, das hilft auf jeden Fall weiter. Dabei ist es wichtig, die richtige Balance zwischen Durchsetzungsvermögen und Nachgiebigkeit zu finden.

Entscheidungsfähigkeit

Um Entscheidungen zu treffen, braucht jede Führungskraft schon eine gewisse Portion Mut, denn man weiß ja immer erst im Nachhinein, ob die Entscheidung richtig oder falsch war. Ganz besonders schlimm ist es jedoch, wenn Führungskräfte aus Angst vor einer falschen Entscheidung gar keine treffen. In diesen Fällen geht garantiert nichts vorwärts und das führt zwangsläufig zu einer hohen Unzufriedenheit im gesamten Team.

Konfliktlösungsfähigkeit

Wenn Menschen zusammenarbeiten, bleiben Konflikte nicht aus. Diese nach dem Vogel-Strauß-Prinzip zu ignorieren, hilft hier auch nicht wirklich weiter. Konflikte müssen gelöst werden und zwar in einer Form, sodass alle Beteiligten sich anschließend noch in die Augen schauen können. Es müssen sich nicht alle in einem Team lieben, aber sich gegenseitigen Respekt entgegenbringen, hilft zweifellos weiter. Eine Führungskraft sollte in solchen Situationen handeln und nicht ängstlich und mutlos die Situation einfach dulden. Es gilt das Prinzip, Konflikte sind wertschätzend zu lösen.

Soziale Kompetenz

Mit Menschen umgehen zu können und sich nicht wie ein Elefant im Porzellanladen zu benehmen, ist hier von großer Bedeutung. Zuhören können gehört ebenfalls dazu. Fingerspitzengefühl, Einfühlungsvermögen, diplomatisches Geschick sind Fähigkeiten, die nicht jeder besitzt, aber den Umgang und die Zusammenarbeit mit anderen Menschen sehr vereinfachen. Glauben Sie mir, das Porzellan, das durch ein ungeschicktes Vorgehen gegenüber Mitarbeitern zerbrochen wird, lässt sich nicht mehr so leicht und schnell wieder kitten. Da hilft nicht einmal mehr Sekundenkleber.

Vorbildfunktion

Verlangen Sie nichts, was Sie nicht selbst vorleben können. Ihre Mitarbeiter husten Ihnen etwas, wenn Sie selbst zum Beispiel nicht pünktlich erscheinen und Termine und Zusagen nicht einhalten. Die Spitznamen und Bezeichnungen, mit denen Sie folglich bedacht werden, wollen Sie nicht wirklich wissen. Also gehen Sie am besten mit gutem Beispiel voran.

Steuerung von Arbeitsprozessen

Die Praxis zeigt, dass Prozesse laufend verbessert werden können und müssen. Eine Steuerung dieser Arbeitsprozesse ist äußerst wichtig, wenn diese reibungslos und effizient funktionieren sollen. Nicht funktionierende Prozesse sind sehr häufig die Ursache für eine hohe Unzufriedenheit und Demotivation der Mitarbeiter. Tja, wenn die Prozesse nicht klappen, hilft es auch nichts, wenn die Führungskraft noch so freundlich ist und über eine ausgeprägte Sozialkompetenz verfügt.

Fachliche Kompetenz

Eine Führungskraft muss nicht der beste Experte im Team sein, allerdings gehört ein fundiertes Fachwissen dennoch zum Anforderungsprofil dazu. Es ist auch die Voraussetzung zum Treffen von sinnvollen Entscheidungen und zur Steuerung des gesamten Betriebs. Für die Details gibt es unter Ihren Mitarbeitern Experten, von deren Fachwissen das ganze Team profitieren kann. Ihre Aufgabe als Führungskraft besteht jedoch darin, die Zusammenhänge zu erkennen und den Gesamtüberblick zu bewahren.

Kommunikationsfähigkeit

Die richtigen Informationen zum richtigen Zeitpunkt an die richtigen Menschen zu kommunizieren, ist nicht so einfach, wie es sich anhört. Informationsweitergabe spielt eine sehr große Rolle im Team, wenn dieses funktionieren soll.

Übrigens, Ihre Mitarbeiter verstehen es auch, dass in Zeiten von Veränderungen oder Umorganisationen viele Informationen vertraulich behandelt werden müssen und die Führungskraft nicht darüber reden darf. Sie akzeptieren eine entsprechende klare Antwort. Diese Vorgehensweise ist deutlich besser, als wenn sich der Chef dumm stellt und vorgibt, keine Informationen zu besitzen. Das glauben einem die Mitarbeiter sowieso nicht, denn sie sind nicht dumm.

Teamfähigkeit

Auch die Führungskraft ist ein Mitglied im Team. Das vergessen gelegentlich die Mitarbeiter und die Führungskräfte. In einem Team hat sich jeder einzubringen und daran mitzuarbeiten, dass die Zusammenarbeit klappt. Führungskräfte sollten entsprechend keine Einzelgänger sein und ein Miteinander im Team hilft im Alltag enorm. Die Vorgehensweise „Einer teamt (der Chef durch Nichtstun) und alle anderen arbeiten" führt nicht automatisch zur Zufriedenheit im Team.

Motivationsfähigkeit

Eine Führungskraft kann ihre Mitarbeiter motivieren, sie anspornen und emotional mitnehmen oder auch genau das Gegenteil bewirken. Falls Sie als Chef eher zum Jammern und Nörgeln neigen, wundern Sie sich nicht, wenn Ihre Mitarbeiter ebenfalls nicht gut drauf sind und das Gleiche machen. Vergessen Sie nie, dass Ihre schlechte Laune sich auf das Team überträgt. Gemeinsames Lachen und miteinander Spaß bei der Arbeit haben, wirkt wahre Wunder.

Delegationsfähigkeit

Ein Chef kann nicht alles selbst machen, denn dazu reicht allein schon ein Tag mit vierundzwanzig Stunden nicht aus. Außerdem hat er seine Mitarbeiter, die sinnvoll und eigenverantwortlich arbeiten wollen. Die Fähigkeit zum Delegieren erleichtert allen Beteiligten das

Leben, denn die Führungskraft ist weniger gestresst und die Mitarbeiter wissen, das in sie gesetzte Vertrauen zu schätzen. Zudem wird durch Delegieren auch das Wissen im Team gesteigert. Nichts ist schlimmer, als wenn alle Informationen nur beim Chef vorhanden sind und alle anderen im Team dumm gehalten werden. Das fällt vor allem auf, wenn der Chef einmal Urlaub hat oder nicht im Hause ist.

Fairness

Ein fairer Umgang mit Mitarbeitern sollte selbstverständlich sein, allerdings ist er es in der Praxis nicht. Hier hilft die Gleichbehandlung aller Mitarbeiter weiter. Natürlich ist es normal, dass nicht jeder Mitarbeiter gleich sympathisch ist, denn den einen mag man lieber, den anderen weniger. Dennoch gebietet der faire Umgang, dass die sogenannten Lieblinge nicht bevorzugt behandelt werden. Auch das gegenseitige Ausspielen gegeneinander hilft im Alltag nicht weiter und führt nur zur Verärgerung und zur schlechten Stimmung im Team.

Mitarbeiterentwicklung

Fordern und Fördern ist hier die Devise. Mitarbeiter brauchen einen Coach oder auch mal einen Mentor, der ihnen hilft, ihre Stärken auszubauen, ihre Verbesserungspotenziale zu erkennen und daran zu arbeiten. Diese Aufgabe kann anstrengend sein, denn es bedeutet ein intensives und ständiges Arbeiten an den Schwächen einer Person. Am Ende sind jedoch beide Seiten zufrieden, wenn Mitarbeiter sich ihren Neigungen und Stärken entsprechend weiterentwickeln können. Und falls ein Mitarbeiter nicht entwickelt werden will, erfahren Sie das sehr schnell.

Fokus auf das Wesentliche

Verzetteln in Details oder in unwichtigen Themen geht sehr schnell und hilft leider niemandem weiter. Von Führungskräften wird erwartet, dass sie wichtige Punkte von unwichtigen Themen unterscheiden können und dies auch tun. Eine ausgeprägte Detailverliebtheit bei Chefs wird von den Mitarbeitern nicht geschätzt, sondern stellt deren Geduld auf eine harte Probe.

Ziele setzen und verständlich machen

Mitarbeiter wollen wissen, was sie tun und weshalb sie es tun. Das Setzen von klaren und nachvollziehbaren Zielen hilft hier weiter und schafft Transparenz. Zudem wollen sie die Ziele verstehen, an denen sie arbeiten. Insbesondere bei übergeordneten Unternehmenszielen ist es sehr sinnvoll, diese auf das jeweilige Team zu übersetzen und aufzuzeigen, mit welchen konkreten Maßnahmen das Team einen Beitrag zur Zielerreichung beisteuern kann.

Vertrauen aufbauen

Vertrauen fällt nicht vom Himmel, sondern es muss hart erarbeitet werden und es ist nicht selbstverständlich. Im Gegenteil, der Mensch ist von Natur aus eher misstrauisch und vorsichtig veranlagt. Dies bedeutet, dass nur mit positiven Erlebnissen die Mitarbeiter überzeugt werden können, dass Sie ihrem Chef trauen können und dass dieser zu ihnen hält. Ein Verhalten getreu dem Motto „Unser Chef steht hinter uns, insbesondere wenn der Wind von vorne bläst" führt in der Praxis sehr schnell zur Verärgerung und Demotivation der Mitarbeiter.

Loben und Anerkennung ausdrücken

„Nicht geschimpft ist gelobt genug". Ich weiß zwar nicht, auf was dieser Satz zutrifft, aber für menschliche Mitarbeiter gilt er auf jeden Fall schon mal nicht. Diese wollen nämlich gelobt werden, denn das ist Balsam für die Seele und spornt zu Höchstleistungen an. Anerkennung zu erfahren, indem die eigene Arbeit wertgeschätzt wird, steigert die Zufriedenheit eines jeden Mitarbeiters. Leider vergessen viele Führungskräfte im Alltag dieses „Wundermittel" und verzichten gänzlich darauf – sehr zum Leidwesen ihrer Mitarbeiter.

Feedback geben

Zu einer konstruktiven Zusammenarbeit gehört eine vernünftige Feedbackkultur. Hierbei ist es wichtig, positive und negative Aspekte wertfrei anzusprechen und es ist ein Mittel zur Mitarbeiterentwicklung. Wie soll ein Mitarbeiter wissen, was er noch nicht so gut macht, wenn keiner ihm etwas sagt. Verbunden mit einer Portion Fingerspitzengefühl sind Mitarbeiter gewillt, auf Ihre Rückmeldungen zu hören und an sich zu arbeiten.

Ruhe bewahren in stürmischen Zeiten

Es ist nicht leicht, in stürmischen Zeiten mit sehr hohem Arbeitspensum die Balance zu halten. Ein hoher Stresslevel führt sehr leicht zu einer gereizten Stimmung im gesamten Team. Gerade in diesen Phasen unterlaufen allen Beteiligten auch mal Fehler und es kommt Kritik am eigenen Team auf. In diesen Fällen ist eine Führungskraft besonders gefragt. Ruhe bewahren, die Mitarbeiter unterstützen und nach Lösungen suchen, ist der Weg zum Ziel.

Ein gutes Betriebsklima schaffen

Eine Führungskraft trägt einen maßgeblichen Anteil zum Betriebsklima bei. Dabei liegt es in ihrer Hand, ob sie dabei positive oder negative Signale aussendet. Eines ist jedoch sicher – beides überträgt sich auf das gesamte Team und auf jeden einzelnen Mitarbeiter. Eine positive Stimmungslage im Team führt dazu, dass jeder Mitarbeiter sich gerne voll einbringt und dass Arbeit trotz allem Stress Spaß macht.

So, das ist nun eine gewaltige Menge an Erwartungen, die eine Führungskraft erfüllen und abdecken soll. Bei dieser umfangreichen Auflistung fehlt eigentlich nur noch ein kleiner Heiligenschein zum Perfektsein. Aber wer ist schon perfekt und deswegen gerät auch der persönliche kleine Heiligenschein gelegentlich im Alltag in eine ordentliche Schieflage.

Um als Führungskraft erfolgreich zu sein, ist es wichtig, dass Sie sich selbst und ihren persönlichen Entwicklungsstand anhand der einzelnen Anforderungskriterien regelmäßig ehrlich einschätzen. Was beherrschen Sie sehr gut und bei welchen Kriterien haben Sie noch Entwicklungsbedarf? So legen Sie für sich selbst ihre Verbesserungspotenziale fest und können ihre angestrebten Entwicklungsstufen priorisieren und planen.

Die verschiedenen Cheftypen

In der Regel hat jede Führungskraft auch noch einen Chef, außer sie ist selbst der Vorstandsvorsitzende oder der oberste Boss in der Geschäftsleitung. Wenn Sie erkennen, wen Sie in Ihrer Rolle als Mitarbeiter vor sich haben oder welchen Typ Sie selbst als Führungskraft darstellen, hilft dies Ihnen im Umgang mit Ihren Mitmenschen, um unnötige Spannungen zu vermeiden.

Ganz ehrlich - auch Chefs sind Menschen und keine Maschinen, was bedeutet, dass auch sie ihre Stärken und Schwächen aufweisen. Beim Handeln im Alltag sind ihre Persönlichkeitsstrukturen und Eigenheiten klar und deutlich zu erkennen. Diese Verhaltensweisen können verschiedenen Cheftypen zugeordnet werden. In der Praxis kommen diese jedoch meist in Mischformen vor.

Der lockere und kumpelhafte Typ

Diese Führungskraft pflegt einen sehr freundlichen und kameradschaftlichen Umgang mit ihren Mitarbeitern. Wundern Sie sich nicht, wenn Sie bereits beim ersten Aufeinandertreffen das „Du" angeboten bekommen, denn das ist für diesen Typ normal und selbstverständlich.

Einer meiner Chefs war ebenfalls von dieser Sorte und die Zusammenarbeit mit ihm hat sehr viel Spaß gemacht. Dabei war er im täglichen Umgang total locker und unkompliziert. Er hatte auch immer ein offenes Ohr für seine direkt unterstellten Führungskräfte und sogar für die Mitarbeiter aus unserer Abteilung, die das direkte Gespräch mit ihm suchten. Zudem war er laufend an unseren Verbesserungsvorschlägen und Ideen interessiert, die er gerne aufgriff. Bei ihm fühlten wir uns alle sehr gut einbezogen und er legte keinen Wert auf die hierarchischen Unterschiede. Seine Freundlichkeit und Gutmütigkeit hinderten ihn allerdings nicht daran, konsequent die Unternehmensziele zu verfolgen.

Kurz gesagt, dieser Cheftyp sollte auf keinen Fall unterschätzt oder seine Freundlichkeit als Schwäche ausgelegt werden, denn auch er lässt sich nicht auf der Nase herumtanzen. Ein solcher Chef ist richtig gut für das Betriebsklima und fördert den Spaß an der Arbeit.

Der partnerschaftliche Typ

Dieser Cheftyp hat sehr viel Ähnlichkeit mit dem kumpelhaften Typ. Auch er duzt sich sehr schnell mit seinen Mitmenschen und ist offen für deren Anliegen, Sorgen und Nöte. Gerne greift er die Vorschläge seiner Mitarbeiter auf und stellt klar, von wem diese eingebracht worden sind. Er schmückt sich nicht mit fremden Federn und ist offen für konstruktive Kritik.

Vom kumpelhaften Chef unterscheidet er sich dadurch, dass er deutlich klarmacht, wer der Chef ist, die Entscheidungen trifft und wer die Verantwortung trägt. Er überspielt nicht die hierarchischen Ebenen und die Mitarbeiter nehmen ihn trotz seiner sehr freundlichen, lockeren und umgänglichen Art als ihren Vorgesetzten wahr.

Mein letzter Chef gehörte genau zu dieser Sorte und er war der beste Chef, den ich jemals hatte. Auch das Spiel aus Fordern und Fördern beherrschte er und pflegte einen offenen, fairen und wertschätzenden Kontakt mit uns allen. Seine Informationspolitik war ausgezeichnet und von Offenheit geprägt. Mit ihm machte die Zusammenarbeit sehr viel Spaß. Wir lachten viel zusammen und das

Betriebsklima war einfach nur gut. Ach ja, und eine sehr gute Zielerreichung und ein klasse Ergebnis in der Mitarbeiterbefragung erreichten wir in der ganzen Abteilung ebenfalls. Wir waren ein gutes Team.

Der ernste und sachliche Typ

Diese Chefs sind meist sehr ernste und kühle Menschen, die keinerlei Emotionen zeigen. Ihr Schwerpunkt liegt voll und ganz auf Leistungserbringung und auf der Erreichung der gesetzten Ziele. Ihren Mitarbeitern gegenüber zeigen sie sich meist reserviert und zurückhaltend. An dem Privatleben ihrer Mitarbeiter und deren Hobbys sowie sonstigen Freizeitaktivitäten zeigen sie nicht wirklich Interesse und sind meist froh, wenn sie nicht damit behelligt werden.

Für sie steht die Ausrichtung auf Zahlen, Daten, Fakten an erster Stelle und Disziplin, Leistungsbereitschaft, Einsatzwille und Strebsamkeit besitzen einen hohen Stellenwert.

Als Mitarbeiter sollte hier die Erwartungshaltung hinsichtlich menschlicher Nähe oder Wärme nicht zu hoch angesetzt werden, denn diese wird nicht eintreten. Diese rein sachliche Basis der Zusammenarbeit hat jedoch auch seinen Vorteil, da diese Chefs meistens keine Mitarbeiter bevorzugen, alle gleich behandeln und nur nach Leistung bewerten.

Der Kontrolleur

Vertrauen kennt dieser Typ nicht wirklich, er setzt vielmehr auf das Instrument Kontrolle. Dabei muss er sich nicht wundern, wenn er seinen Spitznamen „Oberkontrolletti" zu Ohren bekommt, denn seine Mitarbeiter schätzen und lieben ihn nicht besonders. Dadurch, dass er niemandem so richtig etwas zutraut außer sich selbst, will er auch alle Entscheidungen in seinem Bereich selbst treffen. Das macht seine Mitarbeiter dann erst recht mürbe, vor allem wenn dies ebenfalls Führungskräfte bzw. Teamleiter sind. Diese fragen sich nämlich manchmal schon, ob er ihnen keinerlei Entscheidungskompetenz zutraut und sind entsprechend unzufrieden.

Dieser Cheftyp besitzt sehr häufig einen Arbeitsstil, der als pedantisch bezeichnet werden kann. In seinem Bereich gibt es eine Vielzahl an unterschiedlichen Berichten, Monitorings und Präsentationsunterlagen. Seine Teamleiter und Mitarbeiter lässt er zu regelmäßigen Rapports „antanzen", um ihm bis ins kleinste Detail Bericht zu erstatten und wehe, irgendetwas erfüllt nicht seinen Qualitätsanspruch. Das war dann kein so guter Tag für den betreffenden Mitarbeiter. Seine Kontrollsucht kann Ausmaße annehmen, die völligen Gehorsam verlangen und keine Fehler dulden. Na ja, Spaß bei der Arbeit sieht anders aus.

Ein solches Arbeitsumfeld „durfte" ich ebenfalls am eigenen Leib erfahren, denn auch einer meiner Chefs war ein Kontrollfreak. Unsere regelmäßigen Berichte glichen nach kurzer Zeit ausführlichen Studienunterlagen mit den reinsten Bibliotheken als Backup (er musste ja schließlich für alle Eventualitäten und Fragestellungen gerüstet sein).

Mein persönliches Highlight in negativer Hinsicht war jedoch, dass er von seinen unterstellten Führungskräften, zu denen ich leider ebenfalls gehörte, jeden Freitag einen ausführlichen Bericht über die bevorstehende Woche als Vorschau verlangte. Darin mussten pro Tag die Standorte aufgeführt sein, an denen wir uns aufhielten, welche Besprechungstermine und Telefonkonferenzen zu welchen Themen inklusive Zeitansatz stattfanden.

Zudem mussten diese Berichte auch die Themen enthalten, die von uns zu diesen Besprechungsterminen eingebracht worden und welche freien bzw. noch nicht verplanten Zeitfenster vorhanden waren, in denen er uns nach diesen Terminen zur Ergebnisübermittlung erreichen konnte (außer er wollte eine schriftliche Zusammenfassung per Mail).

Puh - das war ein Aufwand jede Woche und erhöhte die Zufriedenheit in unserem Team definitiv nicht. Für einen solchen Chef sind gute Nerven und Durchhaltevermögen gefragt. Gut daran war nur, er war nicht lange mein Chef.

Der Selbstdarsteller

Diese Sorte von Chefs ist in vielen Unternehmen weit verbreitet. An ihnen sind Theaterspieler und Fernsehstars verloren gegangen, denn bei ihnen gilt eines, auffallen um jeden Preis. Sie vertreten die Meinung, sie sind der „Nabel der Welt, „die Krönung der Schöpfung", ach, einfach überhaupt die Besten. Selbstzweifel sind ihnen fremd und große Gesten im täglichen Auftritt ein „Muss". Mit Kritik haben sie ein Problem, denn das passt nicht zu ihrem Selbstbild.

Nun ja, mit Konkurrenten und Nebenbuhlern haben sie auch nicht wirklich viel im Sinn, denn sie sind der Meinung, dass niemand etwas besser kann als sie selbst. Tja, das ist gelegentlich ein Irrtum und wenn sie dies am eigenen Leib erfahren, bedeutet dies für die Menschen in ihrer unmittelbaren Umgebung „in Deckung gehen". Sie lassen ihre Wut darüber nämlich sehr gerne an anderen Menschen aus. Kurz gesagt, die Zusammenarbeit mit diesem Cheftyp ist sehr anstrengend, denn solange alles nach dessen Kopf geht, läuft es einigermaßen, aber wehe, es geht etwas nicht nach Plan ...

Der Choleriker

Diese Führungskraft schimpft sehr laut und sehr schnell mit seinen Mitarbeitern – leider oft auch vor Publikum. Seine Spitznamen sind ebenfalls sehr bezeichnend, die ihm gerne verliehen werden - Zündschnur, HB-Männchen, Rumpelstilzchen.

Bereits Kleinigkeiten können der Auslöser für seine explosionsartigen, verbalen Ausbrüche sein. In solchen Fällen ist es am besten, man geht ihm aus dem Weg und wartet mit seinem Anliegen auf einen besseren Zeitpunkt. Das Überbringen von schlechten Nachrichten ist bei diesem Chef ein undankbarer Job.

Außerhalb dieser Wutausbrüche kann er jedoch ein ganz positiver und freundlicher Zeitgenosse sein. Wenn er schließlich noch seine Ausbrüche im Zaum halten könnte, könnte er schon beinahe als umgänglich bezeichnet werden.

Der Blender

Sein Lebensmotto lautet: „Mehr Schein als Sein". An ihm ist ein Schauspieler verloren gegangen und seine Auftritte sind schon beinahe oskarverdächtig. Das Dumme daran ist, dass ein Blender in Wirklichkeit meist ein sehr unsicherer Mensch ist und dies ständig überspielen muss. Nach außen hin hat er anscheinend alles im Griff und laut seiner Meinung kann er alles.

Bei genauerer Betrachtung fehlt es jedoch seinen Entscheidungen nicht selten an Substanz. Seine Mitmenschen nehmen ihn sehr häufig als einen launischen Zeitgenossen wahr, der viel Lärm um nichts macht, große Worte von sich gibt, sich gerne aufplustert – und dann kommt nichts mehr. Er ist an schnellen Erfolgen interessiert, die sein Image stärken. Bei ihm kann ein Mitarbeiter punkten, wenn er ihm Vorschläge unterbreitet, die seine Karriere oder sein Image positiv beeinflussen.

Der Undankbare

In seinem Wortschatz fehlt das Wort „Danke". Für ihn ist es selbstverständlich, dass Mitarbeiter kurzfristig alles stehen und liegen lassen, um an vom ihm sehr kurzfristig angesetzten Meetings teilzunehmen.

Eine Gefälligkeit seiner Mitarbeiter oder Gesten der Hilfsbereitschaft ihm gegenüber können ihm ebenfalls kein Dankeschön entlocken. Auf ihn trifft auch der Grundsatz zu „nicht geschimpft ist schon gelobt genug". Lob und Anerkennung sind ebenfalls Fremdwörter für ihn. Hier hilft nur, dass ein Mitarbeiter ihn konkret zu einer Arbeitsleistung nach seiner Zufriedenheit fragt.

Haben Sie Ihren Chef oder sogar sich selbst erkannt? Warum habe ich Ihnen die verschiedenen und sehr häufig vorkommenden Cheftypen aufgezeigt?

Es ist hilfreich zu erkennen, welche Verhaltensweisen an Führungskräften positiv und negativ bewertet werden. Umso wichtiger ist es, sich selbst ehrlich einzuschätzen oder sich ein offenes Feedback von seinen Mitarbeitern geben zu lassen.

Den Chef kann sich nämlich kein Mitarbeiter aussuchen. Umso wichtiger ist es, miteinander auszukommen und sich auf andere Menschen einstellen zu können, um Spannungen und Konflikte in der täglichen Zusammenarbeit zu reduzieren oder gar zu vermeiden.

Führungsstile

Was ist denn ein Führungsstil eigentlich?

Der Begriff „Führungsstil" beschreibt die Art und Weise, wie eine Führungskraft sich Mitarbeitern gegenüber verhält und mit ihnen umgeht. Dabei hat jeder Vorgesetzte seinen eigenen Stil, der zu seiner Persönlichkeit und zu seinem Arbeitsstil passt. Na bravo, die große Vielfalt ist hier vorprogrammiert.

Es ist deshalb sehr schwer, einen Führungsstil als richtig oder falsch zu bewerten, was in der Praxis jedoch gerne gemacht wird und das nicht nur von Mitarbeitern. Allerdings sollte jeder Chef in der Lage sein, seinen Führungsstil zu ändern oder zu variieren. Insbesondere wenn er feststellt, dass er mit seinem angewandten Führungsstil nicht die erwarteten Ergebnisse erzielt oder seine Mitarbeiter aufmüpfig werden und tun, was sie wollen, aber nicht sollen.

Tja, ein Chefsessel mag zwar sehr bequem sein, wenn man nur das Sitzen darauf betrachtet, aber die damit verbundene Aufgabe verantwortungsvoll auszuüben, kann mitunter schon sehr anstrengend und herausfordernd sein. Zudem muss ein Vorgesetzter verschiedene Rollen erfüllen, sofern er sein Team erfolgreich leiten will. Das gelingt jedoch nicht jedem Chef, denn das bedeutet, dass er seine Prioritäten immer wieder neu setzen und sein Verhalten anpassen muss.

Nun ja, da kann es schon vorkommen, dass manche Aspekte zu kurz kommen. Jede Führungskraft muss dabei ihre eigene Balance finden, wobei im idealtypischen Fall alle Rollen enthalten sind – wenn das nun so einfach wäre, dann ging Führung wirklich mit links ...

Welche Führungsstile kommen in der Praxis sehr häufig vor?

Führungsstile nach Kurt Levin

Autoritärer Führungsstil

Beim autoritären Führungsstil handelt es sich um einen streng hierarchisch geprägten Stil, bei dem der Chef die Entscheidungen trifft und den Mitarbeitern kein Mitspracherecht einräumt. Der Vorgesetzte erwartet, dass die Mitarbeiter widerspruchslos seine Anordnungen umsetzen. Diskussionen, kreative Ideen oder sogar Kritik sind hier nicht erwünscht. Fehler werden bestraft und ziehen Konsequenzen nach sich.

Die Vorgehensweise und Problemlösung werden vom Vorgesetzten vorgegeben. Dabei spielen die Bedürfnisse der Mitarbeiter keine Rolle und werden entsprechend nicht berücksichtigt. Der Fokus liegt hier allein auf dem Erfolg des Projekts bzw. der erfolgreichen Aufgabenerledigung und der Zielerreichung.

Vorteile: Es werden schnelle Entscheidungen getroffen, denn diese trifft ja nur der Chef allein. Der Arbeitsprozess ist unter Kontrolle, denn die Mitarbeiter haben alle Anordnungen genauestens zu befolgen. Die Aufgabenverteilung und die Kompetenzen sind klar geregelt – der Chef hat alles im Griff (zumindest in der Theorie).

Nachteile: Die Führungskraft muss über ein enormes Fachwissen verfügen und trägt die alleinige Verantwortung. Falls der Chef einmal ausfällt, führt dies schnell zum Chaos, denn der dirigierende „Feldwebel" fehlt nun plötzlich. Zudem haben hier Mitarbeiter häufig Angst vor dem Chef und fühlen sich unzufrieden aufgrund der fehlenden Einbeziehung. Darunter leiden insbesondere das Arbeitsklima und die Motivation der Mitarbeiter im Team.

Sinnvolle Einsatzmöglichkeit: Dieser Führungsstil ist in Gefahren- oder Notfallsituationen erforderlich.

Stellen Sie sich vor, Sie hatten einen Autounfall und am Unfallort treffen der Notarzt und die Sanitäter ein. Der Notarzt trifft Anordnungen hinsichtlich Ihrer gesundheitlichen Versorgung und plötzlich schlägt ein Sanitäter vor: „Och, das könnten wir doch ganz anders machen. Sollten wir nicht lieber etwas Neues ausprobieren?" Ich vermute, in diesem Fall ist die Wahrscheinlichkeit sehr hoch, dass Ihnen als Unfallopfer sehr daran gelegen sein wird, dass der Notarzt einen autoritären Führungsstil besitzt und auf die Umsetzung seiner Maßnahmen bestehen wird.

Kooperativer Führungsstil

Bei diesem Führungsstil trifft nicht die Führungskraft als alleinige Person alle Entscheidungen, sondern die Mitarbeiter werden einbezogen. Neue und kreative Ideen sowie Verbesserungsvorschläge sind hier sogar ausdrücklich erwünscht und erlaubt. Auch offene Diskussionen und fachliche Ratschläge sind erwünscht.

Wesentliche Merkmale sind bei diesem Führungsstil, dass vom Chef Aufgaben an die Mitarbeiter zur eigenverantwortlichen Erledigung delegiert werden. Zudem wird im Team offen kommuniziert und die vertrauensvolle Zusammenarbeit steht im Vordergrund. Falls Fehler gemacht werden, erfolgt durch den Vorgesetzten eine entsprechende Hilfestellung, um aus den Fehlern zu lernen.

Zur Aufgabe der Führungskraft gehört auch das Vorgeben von Zielen und dafür zu sorgen, dass trotz aller Ideen und Diskussionen das Erreichen der Ziele nicht vernachlässigt wird. Die Führungskraft koordiniert die verschiedenen Einzelleistungen zum gewünschten Gesamterfolg und versteht sich als Partner und Coach gegenüber ihren Mitarbeitern. Dieser Führungsstil wird sehr häufig auch als partnerschaftlicher Stil bezeichnet.

Vorteile: Die aktive Einbeziehung der Mitarbeiter steigert deren Motivation und Leistungsbereitschaft. Der intensive gegenseitige Austausch fördert die Eigeninitiative und die Kreativität der Mitarbeiter. Selbstständiges Arbeiten der Mitarbeiter und deren Identifikation mit dem Unternehmen werden durch diesen Führungsstil ebenfalls gesteigert. Falls der Chef einmal ausfällt, lässt sich diese Lücke leichter abfedern, da das Wissen und die Verantwortung auf mehrere Teammitglieder verteilt sind. Die vertrauensvolle Zusammenarbeit wirkt sich positiv auf das Arbeitsklima aus.

Nachteile: Durch die Einbindung der Mitarbeiter im Entscheidungsprozess kann dieser etwas mehr Zeit in Anspruch nehmen, um Ideen zu priorisieren und eine Einigung herbeizuführen. Zudem ist hier das Risiko höher, dass unter den Mitarbeitern ein Konkurrenzkampf entsteht – getreu dem Motto: „Wer hat die meisten Ideen oder wessen Vorschläge werden am häufigsten umgesetzt?" In diesen Fällen ist das Nachsteuern der Führungskraft erforderlich, um Spannungen im Team zu reduzieren oder zu vermeiden.

Außerdem sind bei diesem Führungsstil die Anforderungen an die einzelnen Mitarbeiter sehr hoch, und zwar hinsichtlich der Selbstständigkeit, Eigenverantwortlichkeit und der Nutzung von Freiräumen. Nicht jeder Mitarbeiter will das auch oder kann diese Anforderungen erfüllen.

Sinnvolle Einsatzmöglichkeit: Dieser Führungsstil ist besonders von Vorteil bei komplexen Aufgabenstellungen, bei denen die Ideen und die Vorschläge der Mitarbeiter maßgeblich Einfluss auf den Erfolg haben. Auch bei projektbezogenen Aufgabenstellungen, zu denen extra verschiedene Experten mit unterschiedlichen Kenntnissen und Persönlichkeitsmerkmalen ausgewählt worden sind, ist der kooperative Führungsstil sinnvoll.

Stellen Sie sich vor, ein Projektteam kommt zusammen und der Projektleiter hat einen autoritären Führungsstil. Tja, da könnte es vorkommen, dass bereits nach dem ersten Meeting das Projekt bereits beendet ist - allerdings ohne das gewünschte Ergebnis und mit frustrierten Projektmitarbeitern, die zeternd und lamentierend in alle Himmelsrichtungen davonlaufen würden. Das fiel dann unter „blöd gelaufen".

Der Laissez-faire-Führungsstil

Diese Art von Führungsstil wird geprägt durch die Selbstbestimmung der Mitarbeiter. Sie suchen sich ihre Aufgaben sowie die Organisation selbst aus und die Führungskraft hält sich weitestgehend heraus. Der Handlungsspielraum ist hier im Vergleich zum kooperativen Führungsstil deutlich erweitert. Informationen zwischen dem Vorgesetzten und seinen Mitarbeitern fließen sehr spärlich und bei Fehlern greift der Chef nicht ein, sondern überlässt die Mitarbeiter sich selbst.

Vorteile: Die Mitarbeiter lernen selbstständig zu arbeiten, sich zu organisieren und ihre Entscheidungen herbeizuführen. Ihre Kreativität und Eigenverantwortlichkeit werden stark gefördert und dabei besteht ein hohes Maß an Freiräumen zur Selbstverwirklichung.

Nachteile: Durch das Nichteingreifen der Führungskraft besteht die Gefahr von Chaos, Streitigkeiten und Rivalitäten – so nach dem Motto: „Zehn Personen – elf verschiedene Meinungen". Zudem ist das Risiko sehr hoch, dass Zielvorgaben nicht erreicht werden, da sich jeder austobt und sich selbst verwirklicht – eine steuernde Hand ist nicht vorhanden.

Die Anforderungen an die Mitarbeiter sind enorm hoch, da jeder Einzelne als eigener Unternehmer denken muss und das will und kann nicht jeder Mitarbeiter. Zudem müssen die Mitarbeiter selbst an ihrer ständigen fachlichen und persönlichen Weiterentwicklung arbeiten, was auch nicht jedem leichtfällt.

Sinnvolle Einsatzmöglichkeit: Dieser Führungsstil ist für kleine Gruppen geeignet, die an Spezialthemen und besonderen Aufgabenstellungen arbeiten und die ein hohes Maß an Ideenreichtum und Kreativität zum Ziel haben.

Voraussetzung hierbei ist jedoch, dass alle Mitarbeiter unternehmerisch denken und handeln, über sehr viel Selbstdisziplin verfügen und trotz der großen Handlungsspielräume konkrete Ergebnisse erzielen. Falls dies nicht der Fall ist, kann diese Vorgehensweise sehr schnell in einem Diskutierclub ohne erkennbares Ergebnis enden – ganz nach dem Motto: „Gut, dass wir uns mal ausgetauscht haben, wir hatten sowieso nichts Besseres vor".

Weitere Führungsstile

Der Führungsstil „Zuckerbrot und Peitsche"

Bei diesem Führungsstil führt ein Vorgesetzter sehr stark mit zwei Instrumenten, die sehr weit auseinanderliegen. Die eine Komponente sind Druck, Angst und Drohungen und die andere Seite ist der äußerst nette und freundliche Umgang mit den Mitarbeitern.

Diese Verhaltensweise gleicht einer Wechseldusche mit kaltem und heißem Wasser, nur dass der Mitarbeiter nicht selbst bestimmen kann, wann ihm heiß oder kalt wird. Der Chef versucht mit diesem Führungsstil, die Mitarbeiter zu Höchstleistungen anzuspornen. Dabei werden ganz klare Ziele und Konsequenzen bei Nichterreichung aufgezeigt.

Vorteile: Die Mitarbeiter lernen ergebnisorientiert zu arbeiten, da klare Ziele durch die Führungskraft vorgegeben werden. Manche Mitarbeiter laufen erst unter Druck zu ihrer Hochform auf, die unter diesen Rahmenbedingungen Höchstleistungen zeigen. In den Phasen der sehr netten Zusammenarbeit kann ein Mitarbeiter auch ein unerwartetes Lob erhalten, mit dem er allerdings große Durststrecken überbrücken muss.

Nachteile: Durch das ständige Erzeugen von Druck und das Androhen von unangenehmen Konsequenzen wird eine Angstsituation erzeugt, die leistungsbereite Mitarbeiter demotivieren können. Diese Wechselduschen in der Stimmungslage der Führungskraft führen meist zu einem sehr angespannten Arbeitsklima im Team.

Sinnvolle Einsatzmöglichkeit: Dieser Führungsstil verspricht Erfolge in Teams mit Mitarbeitern, die Druck und Konkurrenzkampf zur Erreichung von Höchstleistungen benötigen. Sofern Mitarbeiter mit diesem Führungsstil beglückt werden, die über die sogenannte „Rennpferdchen-Mentalität" verfügen, wird das ursprünglich anvisierte Ziel, nämlich Höchstleistungen anzustreben, nicht erreicht.

Nun fragen Sie sich bestimmt, was diese Rennpferdchen-Mentalität denn sei. Das kann ich Ihnen ganz einfach erklären, denn ich selbst besitze diese Mentalität ebenfalls. Am schnellste „laufe" ich einfach aus Spaß an der Arbeit und der Freude, Erfolge zu erringen. Dann laufe ich auch freiwillig so schnell, wie ich nur irgendwie kann. Dabei ist der Einsatz einer verbalen Peitsche zur Steigerung der Geschwindigkeit kontraproduktiv, da der Spaß am „Laufen" dabei völlig verloren geht.

Kurz gesagt, zur Hochform laufe ich freiwillig auf, wenn ich nicht ständig verbal geschlagen werde. Das musste auch einer meiner Chefs zur Kenntnis nehmen, der ein eindeutiger Verfechter des Zuckerbrot-und-Peitsche-Führungsstils war (und leider noch immer ist).

Situativer Führungsstil

„Och nö, echt jetzt? Muss das denn sein, können sich die nicht etwas ähnlicher sein?" Diese Frage stellte ich mir bei meinem ersten Team, als ich mich damit konfrontiert sah, dass jeder einzelne Mitarbeiter einen anderen persönlichen Entwicklungsstand, Reifegrad und Kenntnisstand beim Fachwissen aufwies.

Also was tun? Ich erkannte, dass ich mit den Neulingen mit geringem Fachwissen ganz anders umgehen musste als mit den sogenannten alten Hasen. Dies bedeutete, dass ich in Abhängigkeit der Leistung des jeweiligen Mitarbeiters meinen Führungsstil situativ anpassen musste – ganz nach dem bekannten Leitsatz: „Es kommt darauf an …".

Der situative Führungsstil orientiert sich am Entwicklungsstand des Mitarbeiters, wobei dessen Kompetenz und Engagement ausschlaggebend sind. Hierbei werden vier Entwicklungsstufen bei den Mitarbeitern unterschieden.

Erste Entwicklungsstufe: Wenig Kompetenz – hohes Engagement

Diese Mitarbeiter sind total begeistert von ihrer neuen Aufgabe oder ihrem neuen Job und gehen voller Elan ans Werk. Ausgebremst werden sie jedoch durch ihr mangelndes Fachwissen, noch nicht vorhandene Erfahrungen und noch nicht entwickelte Fertigkeiten. Auf sie passt die treffende Beschreibung: Totale Begeisterung bei völliger Ahnungslosigkeit.

Passender Führungsstil: Dirigieren – Führungskraft entscheidet

Einen Mitarbeiter in dieser Stufe muss die Führungskraft mit genauen Vorgaben, Anweisungen und enger Kontrolle führen. Entscheidungen trifft hier die Führungskraft, da der Mitarbeiter noch nicht über die ausreichende Kompetenz verfügt.

Zweite Entwicklungsstufe: Einige Kompetenz – wenig Engagement

Mitarbeiter in dieser Phase unterliegen einer gewissen Ernüchterung. Sie haben bereits etwas Fachwissen aufgebaut, sich einige Fertigkeiten angeeignet und erkennen in einem erschreckenden Ausmaß, was sie noch alles nicht können, welch großer Berg noch vor ihnen liegt und erklommen werden will. Dabei sind sie oft frustriert und demotiviert, da ihre Erwartungen noch nicht erfüllt werden und entsprechend sinkt auch ihr Engagement. Auf sie passt die Beschreibung: Nicht mehr ganz blind, aber oft mürrisch.

Passender Führungsstil: Trainieren – Gemeinsam darüber reden, aber die Führungskraft entscheidet

In dieser Stufe findet ein regelmäßiger Austausch zwischen Führungskraft und Mitarbeiter zur jeweiligen Aufgabenstellung statt, in die sich der Mitarbeiter bereits mit eigenen Vorschlägen und Ideen einbringen kann, sofern er hierzu schon das erforderliche Know-how aufgebaut hat. Die Entscheidung trifft jedoch noch immer die Führungskraft.

Dritte Entwicklungsstufe: Mittlere bis hohe Kompetenz – schwankendes Engagement

Diese Mitarbeiter verfügen bereits über ein ausgeprägtes Fachwissen und haben sich schon gute Fertigkeiten bezüglich ihrer Aufgabe angeeignet. Allerdings kann es in dieser Phase häufig vorkommen, dass der Mitarbeiter an sich selbst zweifelt und ihm somit das Selbstvertrauen fehlt. Dies wiederum kann zur Beeinträchtigung seiner Motivation führen. Hier passt die Beschreibung: Schon ganz gut, aber häufig geknickt.

Passender Führungsstil: Unterstützen – Gemeinsam darüber reden und gemeinsam entscheiden

In dieser Stufe wird ein Mitarbeiter aktiv in die Entscheidungsfindung einbezogen, da dieser inzwischen über ein hohes Fachwissen verfügt und meist nur noch Unterstützung benötigt – insbesondere zur Stärkung des Selbstvertrauens. Diese Mitarbeiter arbeiten meist selbstständig und eigenverantwortlich.

Vierte Entwicklungsstufe: Hohe Kompetenz – hohes Engagement

Ein Mitarbeiter in dieser Stufe beherrscht sein Aufgabengebiet rundum und verfügt über ein sehr hohes Fachwissen, was ihm sehr viel Sicherheit verleiht. Entsprechend zuversichtlich und motiviert geht er an jede Aufgabenstellung heran. Dabei benötigt er häufig nur noch die Vorgabe der Rahmenbedingungen und erledigt die Aufgabe selbstständig und eigenverantwortlich. Hier passt die Beschreibung: Rennpferdchen scharrt mit den Hufen und wartet nur noch darauf, losrennen zu können.

Passender Führungsstil: Mitarbeiter entscheidet

Da diese Mitarbeiter über eine sehr hohe Problemlösungskompetenz verfügen, schlagen sie bereits eigenständig und unaufgefordert entsprechende Lösungen vor und setzen diese eigenverantwortlich um. Als Führungskraft haben Sie hier ein einfaches Leben, denn auch für komplexere Aufgabenstellungen oder für Themen von großer Bedeutung halten diese Mitarbeiter die passende Lösung parat, zu der sie nur noch nicken müssen.

Um die Umsetzung der Entscheidung müssen sie sich meist auch nicht mehr kümmern, da diese durch den Mitarbeiter eigenverantwortlich durchgeführt wird. Hier können Sie sich als Führungskraft zurücklehnen und sich auf die Zielvorgaben sowie die Ergebniskontrolle beschränken.

Bei allen vier Ausprägungen des situativen Führungsstils legt die Führungskraft die gewünschten Ergebnisse und die angestrebten Ziele fest. Dabei beobachtet die Führungskraft die Leistung des Mitarbeiters und gibt ein entsprechendes Feedback (Lob/Anerkennung oder konstruktive Kritik).

Die vier Varianten unterscheiden sich hinsichtlich dem Maß der Anweisungen durch die Führungskraft, dem Maß an Unterstützung durch die Führungskraft und dem Maß der Mitarbeiterbeteiligung bei der Entscheidungsfindung. Somit liegt hier ein sehr praxisnaher und mitarbeiterorientierter Führungsstil vor, der je nach Situation anders ausgestaltet wird.

Vorteile: Es handelt sich hier um einen flexiblen Führungsstil, bei dem die Belange der Mitarbeiter und deren Leistung sowie Entwicklungsstand berücksichtigt werden. Je nach Selbstständigkeitsgrad und Know-how kann jeder Mitarbeiter individuell gefördert werden. Neue Mitarbeiter erhalten klare Vorgaben und Regeln, an denen sie sich orientieren können.

Erfahrene Mitarbeiter erhalten in Abhängigkeit ihres Entwicklungsstandes immer mehr Gestaltungs- und Entscheidungsspielräume. Diese Art der Führung steigert die Zufriedenheit, die Motivation, die persönliche Weiterentwicklung der Mitarbeiter und führt zur Entlastung der Führungskraft. Na, was will man denn mehr, um erfolgreich und glücklich zu sein ...

Nachteile: Die Führungskraft muss in der Lage sein, kooperativ bzw. partnerschaftlich zu führen und nicht strikt autoritär. Ein Chef muss beim situativen Führungsstil jeden seiner Mitarbeiter der richtigen Entwicklungsstufe zuordnen, um diesen mit dem passenden Führungsstil beglücken zu können.

Ansonsten kann das ganz schnell schieflaufen und zur Demotivation der Mitarbeiter führen. Ganz ehrlich – eine Führungskraft kann hier schnell an ihre Grenzen kommen, um sich ständig an die jeweilige Situation anzupassen und den „Wie-gehe-ich-mit-dem-Mitarbeiter-richtig-um"-Stil zu finden sowie umzusetzen.

Der situative Führungsstil ist eine moderne Ergänzung zum kooperativen bzw. partnerschaftlichen Stil. Zu Beginn werden Sie in Ihre Mitarbeiter in der Entwicklungsstufe eins viel Zeit und Arbeit investieren müssen.

Allerdings lohnt es sich, Ihre Mitarbeiter durch die verschiedenen Stufen bis zur letzten Stufe zu begleiten und zu entwickeln. Denn am Ende genießen Sie die Früchte Ihrer Arbeit und Ihres Aufwands, indem Sie selbstständig und eigenverantwortlich arbeitende Mitarbeiter haben, die Ihren persönlichen Führungsaufwand deutlich reduzieren. Sie haben Ihr Ziel erreicht!

Die wichtigsten Rollen einer Führungskraft

Wer im Chefsessel nicht nur bequem sitzen, sondern eine gute Figur machen und etwas erreichen will, der sollte verschiedene Dinge beherzigen. Dazu gehören das Tragen der Verantwortung, das Treffen von Entscheidungen, das gezielte und individuelle Eingehen auf Mitarbeiter. Kurz gesagt, das Aktivsein in vielen verschiedenen Bereichen, um den unterschiedlichen Rollen gerecht zu werden.

Koordinationsrolle:
„Wir sitzen alle in einem Boot, rudern auch alle eifrig, aber kennt denn einer die Richtung?"

Es wäre gut, wenn in der Praxis die Führungskraft den Überblick behält und die Zusammenhänge kennt, denn dies gehört zu den Kernaufgaben eines Chefs dazu.

Besonders in sehr hektischen und turbulenten Zeiten ist dies sehr wichtig, um ein Team zielorientiert zu leiten. Es ist die Aufgabe der Führungskraft, die Aufgaben sinnvoll zu verteilen, um die geforderten Ergebnisse zu erzielen und Termine einzuhalten. In dieser Rolle ist der Chef für alle organisatorischen Dinge verantwortlich, sodass sein Team reibungslos funktioniert. Dabei gilt es, laufend nachzusteuern, um immer wieder auf „den richtigen Kurs" zu kommen.

Es ist übrigens sehr hilfreich, wenn es im Boot nur einen Steuermann gibt, der klare Anweisungen erteilt. Denn bei mehreren Steuermännern oder –frauen mit unterschiedlichen Richtungsangaben und Meinungen kann es schon mal vorkommen, dass das Boot sich zwar irrsinnig schnell wie ein Kreisel dreht, allen Beteiligten buchstäblich schwindlig wird, aber kein Meter in die richtige Richtung zurückgelegt wird. Dieses Vorgehen nennt sich dann Aktionismus und führt zu hektischer Betriebsamkeit im gesamten Team, ohne dem eigentlichen Ziel näherzukommen.

Koordinieren bedeutet auch, einen kühlen Kopf zu bewahren, klare Botschaften zu senden, Verantwortung zu übernehmen und das Ziel nicht aus den Augen verlieren.

Motivationsrolle:
„Gähn, ich habe heute keine Sprechstunde und außerdem will ich keine neuen Aufträge erhalten."

Tja, wenn das die Einstellung Ihrer Mitarbeiter ist, dann haben wohl Ihre „Rennpferdchen" an diesem Tag frei. In erster Linie kommt Motivation von innen heraus und treibt jeden von uns an. Allerdings trägt auch die Führungskraft ihren Anteil dazu bei.

Erfolgreichen Führungskräften gelingt es immer wieder, ihre Mitarbeiter zu motivieren und anzuspornen, um Höchstleistungen zu erbringen. Dabei setzen sie nicht auf Druck und das Verbreiten von Angst, sondern sie schaffen dies durch das Vorgeben von klaren Zielen und durch ihr eigenes engagiertes Verhalten. Übrigens, haben Sie schon einmal erlebt, dass ein schlecht gelaunter und launischer Chef seine Mitarbeiter motivieren kann? Ich nicht.

Vermittlerrolle:
„Heute ist kein guter Tag, ich habe heute noch mit niemandem gestritten!"

Das war das tägliche Leitmotiv einer meiner Mitarbeiter. Ich verspreche Ihnen, falls Sie auch solche Mitarbeiter in Ihrem Team haben sollten, wird Ihnen nie langweilig und Sie sind gut damit beschäftigt, immer wieder Wogen zu glätten.

Eine Führungskraft befindet sich täglich in der Vermittlerrolle und fungiert als Moderator sowie als Sprachrohr in alle erdenklichen Richtungen – innerhalb des Teams, in Richtung Unternehmensführung, gegenüber anderen Bereichen und Abteilungen, gegenüber internen und externen Kunden.

Hier gilt es, insbesondere in Konfliktsituationen, vermittelnd einzugreifen, sinnvolle Lösungen zu finden, und zwar nicht nur zwischen den Mitarbeitern, sondern auch zwischen dem Unternehmen und dem eigenen Team. Diese sogenannte Sandwichposition erfordert schon gute Nerven und ein sonniges Gemüt.

Kontrollrolle:
„Och nö, jetzt kann ich schon wieder von vorne beginnen, weil dieses blöde Programm ständig abgestürzt!"

Wer kennt diesen Satz nicht. Funktionierende IT-Systeme, reibungslose Arbeitsprozesse, gut funktionierende Schnittstellen usw. sind die Grundlage für erfolgreiches Arbeiten. Aber klappt das in der Praxis immer alles? Meist nicht.

Jede Führungskraft übernimmt eine Kontrollfunktion, um den langfristigen Erfolg sicherzustellen. Dabei ist es wichtig, dass Probleme und Störungen im Prozess zeitnah erkannt werden, Verbesserungspotenziale aufgezeigt und entsprechende Maßnahmen ergriffen werden.

Ein kontinuierlicher Verbesserungsprozess ermöglicht das laufende Nachsteuern bei Störungen im Ablauf. Nicht funktionierende Prozesse ist eine der am häufigsten genannten Ursachen für die Unzufriedenheit bei Mitarbeitern. Führen Sie mal eine anonyme Mitarbeiterbefragung durch und Sie werden über die Ergebnisse staunen ...

Coachrolle:
„Oh Mann, das habe ich noch nie gemacht. Muss das denn sein?"

Falls Sie diese Frage von Ihren Mitarbeitern kennen, weisen diese garantiert noch Entwicklungspotenzial auf. Aus manchen bequemen oder problematischen Mitarbeitern wurden dank einer vernünftigen und konsequenten Mitarbeiterentwicklung die reinsten Leistungsträger.

Eine erfolgreiche Führungskraft unterstützt ihre Mitarbeiter, gibt ihr Wissen weiter und hilft mit zielgerichteten Ratschlägen. Als Mentor und Coach ist es Aufgabe der Führungskraft, die Verbesserungspotenziale ihrer Mitarbeiter zu erkennen, deren Weiterentwicklung gezielt zu fördern und deren Ängste zu nehmen.

„Huch, ich bin jetzt ein Überflieger." Wenn Ihr Mitarbeiter das von sich behauptet und dies im täglichen Leben auch beweist, dann haben Sie einen klasse Job als Coach gemacht – sofern er nicht schon vorher ein Überflieger oder Highperformer war.

Diesen Rollen und allen anderen Anforderungen im Alltag gerecht zu werden, erfordert eine regelmäßige Weiterentwicklung bei jeder Führungskraft. Durch Seminare, Workshops oder auch die Beobachtung und den Austausch mit anderen Führungskräften können neue Verhaltens- und Vorgehensweisen für die Arbeit im Chefsessel gelernt und umgesetzt werden.

Ein starres Festhalten an einem bestimmten Führungsstil macht keinen Sinn. Erfolgreiche Führungskräfte reagieren flexibel auf die jeweilige Situation und bedienen sich verschiedener Führungsstile sowie -elemente.

Führen mit Köpfchen **und** Herz, dann klappt es auch mit den Mitarbeitern und am Ende lautet es: „Na, geht doch!".

Führen auf Distanz

Eine besondere Herausforderung stellt das Führen von Mitarbeitern über eine räumliche Distanz hinweg dar. Man könnte es gelegentlich auch so umschreiben – einen Sack voller Flöhe hüten, wobei sich die Flöhe im fortgeschrittenen Lebensalter befinden.

In meinem Berufsleben bereitete mir ein Team schon so manche schlaflose Nacht, denn es bestand aus insgesamt fünfundvierzig Mitarbeitern, die bundesweit über zwanzig geografische Standorte verteilt waren. „Na bravo, bekomme ich jetzt einen Helikopter?", war mein erster Gedanke bei der Übernahme des Teams.

Natürlich hat das Controlling der Beschaffung eines Helikopters nicht zugestimmt und ich musste mir entsprechende Maßnahmen zur Teamführung einfallen lassen. Nach einiger Zeit, in der ich verschiedene Dinge ausprobiert hatte und auch prompt hereingefallen war, haben sich die nachfolgenden Punkte als sehr hilfreiche Instrumente bei der Führung von räumlich getrennten Mitarbeitern herauskristallisiert.

Regelmäßige Telefonkonferenzen:

Haben Sie schon einmal eine Telefonkonferenz mit circa fünfundvierzig Teilnehmern durchgeführt? Nein? Dann fehlt Ihnen noch eine spannende Erfahrung, denn eine Telefonkonferenz, kurz Telko genannt, in einem solch großen Kreis verspricht Abenteuerfeeling pur.

In jeder Telko war ich wieder über die hohe Aufnahmeleistung der Mikrofone in den Telefonapparaten oder Smartphones überrascht. Mitten im Satz hörte ich dann das energisches Klappern einer Tastatur, das Knacken von Keksen oder das Rascheln von Papier. Meine Mitarbeiter waren sehr einfallsreich, was das Vermeiden von Langeweile in einer Telko, das angeblich geräuschlose Essen oder die Erledigung von äußerst dringenden Aufgaben sowie Mailbearbeitung während einer Telko betraf.

Einen weiteren interessanten Faktor stellte die Tatsache dar, dass, obwohl alle Mitarbeiter an ihrem Schreibtisch sitzen müssten, dennoch mindestens ein Teilnehmer im Auto unterwegs war. Dies bedeutete, dass ich mitten in der Erklärung der wichtigsten Unternehmensziele durch eine freundliche und bestimmte Stimme mit der Ansage „bitte wenden" unterbrochen worden war.

Das führte dazu, dass natürlich sofort die neugierige Frage gestellt wurde, wo sich denn dieser Telko-Teilnehmer gerade verfahren habe. Nach entsprechender Auskunft folgte eine nicht mehr zählbare Anzahl an guten Tipps von ortskundigen und hilfsbereiten Kollegen, die dachten, sie könnten somit das Thema Unternehmensziele etwas abkürzen.

Kurz gesagt, Telefonkonferenzen mit einem derart großen Teilnehmerkreis führte ich nur noch monatlich durch. Diese dienten lediglich der gezielten Weitergabe von Informationen des Vorstands oder der Geschäftsleitung. Dabei hatten die Teilnehmer der Telko keinen aktiven Part und die Mikrofone an den Telefonen waren stumm geschaltet. Somit konnten die ständigen und störenden Hintergrundgeräusche vermieden und Fragen gebündelt am Ende gestellt werden.

Zudem versuchte ich es auch damit, diese großen Telkos gar nicht mehr durchzuführen. Das kam aber bei den Mitarbeitern gar nicht gut an, denn der Großteil des Teams war sehr an den Unternehmensinformationen interessiert und auch an dem direkten Kontakt mit mir als Führungskraft. Mit klaren Spielregeln, stummen Mikrofonen und einer ausgeprägten Disziplin bei der Fragerunde verliefen auch diese Telefonkonferenzen in einem vernünftigen und für alle Beteiligten akzeptablen Rahmen ab.

Effektiver waren die wöchentlichen Telefonkonferenzen, die zu konkreten fachlichen Themen mit einem deutlich kleineren Teilnehmerkreis durchgeführt worden sind. Hierzu wählte ich unter den Mitarbeitern Experten aus, die über das beste Fachwissen und über eine hohe Akzeptanz im Team verfügten. Diese fungierten als Multiplikatoren, indem wir gemeinsam die geografischen Bereiche festlegten, die sie abdecken sollten.

Dies bedeutete, dass ich wöchentlich nur mit einem überschaubaren Personenkreis von sechs Experten eine Telko durchführte, die somit die anderen Mitarbeiter bundesweit im Anschluss über die Themen, Beschlüsse, Aufträge usw. informierten.

Nach einer kurzen Einspielzeit funktionierte dieses System sehr gut. Keiner kam sich benachteiligt oder bevorzugt vor. Der regelmäßige Austausch mit mir als Führungskraft führte dazu, dass sich die Mitarbeiter nicht im Stich gelassen fühlten und sie eindeutig meine „steuernde Hand" spürten.

Später führten wir diese telefonischen Runden zu sechst als Videokonferenzen mit eingeschalteten Kameras an den Laptops durch. Daraufhin konnten wir uns sogar gegenseitig sehen, was die gesamte Atmosphäre verbesserte. Allerdings blieben dann auch sämtliche Grimassen – unbeabsichtigt oder gezielt – nicht mehr verborgen. Der Lachfaktor war auf jeden Fall in den Videokonferenzen deutlich höher. Aber Arbeit soll ja schließlich auch Spaß machen und nicht nur todernst betrieben werden.

Persönliche Treffen:

Trotz dem regelmäßigen Austausch mittels Telkos und Videokonferenzen war der Wunsch bei meinen Mitarbeitern nach persönlichen Treffen sehr groß, die eindeutig den Zusammenhalt im Team förderten.

So führten wir halbjährlich Präsenzmeetings an wechselnden geografischen Standorten durch, an denen das ganze Team teilnahm. Hier hielten immer einige Experten und Mitarbeiter Fachvorträge oder kleine Workshops, sodass ich mir nicht als Alleinunterhalter vorkam und sich die Vortragenden auch den anderen zeigen konnten. Zudem können solche Präsenztermine auch gezielt mit Teambildungsmaßnahmen kombiniert werden.

Diese persönlichen Zusammentreffen taten uns allen sehr gut und hoben den Teamgedanken sowie die Motivation. Wir lachten auch viel miteinander, denn wenn so viele verschiedene Dialekte aufeinandertreffen - trotz aller hochdeutschen Sprachbemühungen - blieben gelegentliche Verständigungsschwierigkeiten nicht aus.

Seit dieser Zeit weiß ich nun, dass mit dem Begriff „Pusemuckel" ein geografisch sehr abgelegener Ort gemeint ist und dieser nichts mit einem Kosenamen oder etwas Essbarem zu tun hat.

Ein Mitarbeiter schloss auch meine Bildungslücke hinsichtlich des Kölner Karnevals. Mir wurde von einem Kollegen angeboten, dass er mit mir doch mal bützen könnte. Da ich nicht wusste, was das bedeutete, zeigte ich keinerlei Reaktion, was prompt als Zustimmung gewertet wurde. Im Nachgang klärte mich ein Mitarbeiter auf, dass bützen für „Küsschen geben" als Ausdruck karnevalistischer Freude und Frohsinns steht. Oha, da suchte ich dann doch lieber das Weite …

Offene Meinungsaustauschrunden:

Gerade zu neuen Themen und Aufgabenstellungen führte ich regelmäßig mit ausgewählten Mitarbeitern Gespräche, in denen wild diskutiert und auch kreative Lösungsvorschläge erörtert wurden. Dabei stellte ich fest, dass eine gemischte Zusammensetzung der Runde aus erfahrenen Mitarbeitern, Neulingen, Männern und Frauen zu sehr guten Ergebnissen führte. Neue Ideen oder andere als die üblichen Lösungswege entstanden hier in kurzer Zeit.

Allerdings funktioniert eine solche Runde nur mit Mitarbeitern, die sich auch in Anwesenheit der Führungskraft trauen, ihre ehrliche und kritische Meinung zu äußern und dabei trotzdem nicht den wertschätzenden Umgang miteinander vergessen. Wenn die Diskussionen und der Meinungsaustausch zu hitzig geführt wurden, gelang es mir mit der Frage „Muss ich jetzt Boxhandschuhe ausgeben?", die Gemüter wieder zu beruhigen. Gott sei Dank beantwortete kein einziger Mitarbeiter diese Frage jemals mit Ja, denn ich hätte erst welche beschaffen müssen.

Individuelle Jour fixe Gespräche:

Für kleine Teams, die sich geografisch nicht an einem Ort befinden, sind regelmäßige individuelle Gespräche zwischen Führungskraft und Mitarbeiter sehr hilfreich. Diese können persönlich oder telefonisch durchgeführt werden und als Zeitintervall bietet sich ein wöchentlicher Turnus an.

Bei persönlich geführten Gesprächen, bei denen Sie sich beide tief in die Augen schauen und allerhand an der Mimik und Gestik ablesen können, bleiben Ihnen weniger Dinge verborgen als beim Telefonieren.

Glauben Sie mir, manche Dinge wollen Ihre Mitarbeiter vor Ihnen bewusst verbergen, aber gerade diese Themen sind höchst interessant und meist nicht unwichtig. Diese Punkte fallen dann unter die Rubrik: „Das kann ich doch meinem Chef oder meiner Chefin nicht direkt sagen". Oh doch, der Mitarbeiter sollte nur etwas Mut aufbringen und dann klappt es auch mit der Wahrheit. Meine Mitarbeiter wussten, dass ich keinen von ihnen bei schlechten Nachrichten „fressen" würde, da ich immer jeden Tag frühstücke …

In diesen Jour fixe Gesprächen können fachliche Themen, Aspekte zur Weiterentwicklung des jeweiligen Mitarbeiters, aktueller Stand zur Auftragserledigung und Zielerreichung besprochen werden. Wichtig ist jedoch, dass ein konkretes Zeitfenster eingeplant wird, an das sich beide Personen halten. Ansonsten kann es bei sehr redseligen Mitarbeitern passieren, dass das zeitliche Ausmaß dieser Gespräche völlig aus dem Ruder läuft.

Diese Vorschläge zum Thema Führung auf Distanz sollen Ihnen als Anregung dienen, denn die genannten Instrumente und Zeitintervalle müssen in Abhängigkeit der jeweiligen Rahmenbedingungen eines Teams angepasst werden. So kann ich Ihnen nur raten, probieren Sie es einfach aus und finden Sie Ihren eigenen Rhythmus.

Führung in Veränderungsprozessen

Nichts ist so beständig wie die ständigen Veränderungen. Ja, das ist allerdings wahr und trifft in einem Unternehmen auf die verschiedensten Bereiche wie zum Beispiel Organisation, technische Entwicklung, Produktportfolio-Änderungen, IT-Änderungen und vieles mehr zu.

Das erfolgreiche Durchführen solcher Veränderungen ist jedoch nur möglich, wenn die betroffenen Mitarbeiter mitgenommen werden, die Veränderung nachvollziehen können und akzeptieren. Ansonsten wird es ein schwieriger Weg für alle Beteiligten, insbesondere in den Fällen, in denen ein Unternehmen ständig Umstrukturierungen durchführt, die die Mitarbeiter nicht mehr verstehen.

Oh, damit habe ich persönlich einschlägige und vielfältige Erfahrungen gesammelt, da sich in meinen Arbeitsbereichen regelmäßig alle zwei Jahre die Welt gravierend verändert hatte. Ich kann mich noch sehr gut an die Gesichter und Kommentare meiner Mitarbeiter erinnern, die sehr unterschiedlich ausfielen.

Bei der letzten organisatorischen Änderung teilte mir ein Mitarbeiter, der bereits mehrere Umorganisationen überstanden hatte, in aller Seelenruhe mit, dass er das aussitzen werde und er schon sehr viele Chefs kommen und gehen gesehen habe. Ein Mitarbeiter, der übrigens den Spitznamen „Zündschnur" trug, explodierte bei der Ankündigung von Veränderungen in Rekordzeit und überschüttete seine gesamte Umgebung mit verbalen Schimpftiraden, die weder jugendfrei waren noch an dieser Stelle wiederholbar sind.

Es gibt nur einen Weg. Jeder Führungskraft muss es gelingen, ihre Mitarbeiter auf dem Pfad der Veränderung mitzunehmen und diese ans Ziel zu bringen. Das ist leichter gesagt als getan in der Praxis. Hierzu ist es hilfreich, sich als Führungskraft bewusst zu machen, dass in der Regel jeder Mitarbeiter sechs Stufen des Bedenkens im Veränderungsprozess (nach Dr. Kenneth Blanchard) durchläuft:

1. Bedenken über Informationen
2. Persönliche Bedenken
3. Bedenken über die Umsetzung
4. Bedenken über die Auswirkungen
5. Bedenken über die Zusammenarbeit
6. Bedenken über Verbesserungen

Schauen wir uns nun diese Stufen genauer an und wie hier ein typisches Verhalten eines Mitarbeiters und die Vorgehensweise einer erfolgreichen Führungskraft aussehen könnten.

Bedenken über Informationen:

„Echt jetzt, schon wieder eine Änderung und was soll die dieses Mal bringen oder besser machen? Wer hat sich denn das wieder einfallen lassen?"

Menschen stehen Veränderungen grundsätzlich misstrauisch gegenüber, wollen überzeugt werden und die Änderungen nachvollziehen können – sie wollen sie verstehen. Hört sich ganz einfach an. Bei der Ankündigung einer Veränderung besteht die erste Reaktion der Mitarbeiter darin, dass sie wissen wollen, was geschieht, worin die Veränderung besteht, warum sie erforderlich ist und was an der jetzigen Situation denn verkehrt sein soll.

In der Regel werden innerhalb eines Unternehmens in erster Linie die Vorteile der Veränderung kommuniziert und die vorher genannten Fragen nicht immer beantwortet. Die Mitarbeiter möchten zu diesem Zeitpunkt Fragen stellen können und ehrliche Antworten darauf erhalten. Das Motto „Wissen ist Macht und nichts wissen, macht auch nichts" sollte in Veränderungsprozessen nicht angewendet werden, da es definitiv nicht Erfolg versprechend ist.

Nehmen wir als Beispiel die Änderung der Organisationsstruktur her. Die Mitarbeiter wollen wissen, was sich verändert und welches Ziel verfolgt wird. Eine Führungskraft tut hier gut daran, eine Informationsveranstaltung durchzuführen, um die neue Struktur mit den veränderten Aufgaben vorzustellen und ausführlich zu erläutern. Dabei ist es wichtig, genügend Zeit für Fragen und Antworten einzuplanen.

Oft ist es auch sehr hilfreich, Experten aus anderen Abteilungen wie zum Beispiel aus dem Personalbereich einzuladen, um in komplexere Zusammenhänge Einblicke zu geben.

Persönliche Bedenken:

„Ja super, und was wird jetzt aus mir? Habe ich morgen noch einen Job und wo wird dieser sein? Soll ich mir schon mal ein Bahnticket kaufen? Ach nein, ich will den Standort nicht wechseln."

Das sind die Fragen, die sich die Mitarbeiter in dieser Stufe stellen, nachdem sie die ersten Informationen zur neuen Organisationsstruktur erhalten haben. Sie wollen wissen, wie sich die Veränderung auf sie persönlich auswirken wird und ob sie sich verschlechtern, verbessern oder den bisherigen Status beibehalten können. Außerdem beschäftigt sie die Frage, ob sie neue Fertigkeiten erlernen müssen und ob oder wie sie das schaffen können. Sofern diese Bedenken nicht ernst genommen und nicht beachtet werden, sind Fehlschläge bei der Umsetzung von Veränderungen vorprogrammiert.

In dieser Phase ist es wichtig, dass sich die Führungskraft viel Zeit für die persönlichen Sorgen und Ängste ihrer Mitarbeiter nimmt und auf deren Fragen eingeht. Das Ziel ist es, den Mitarbeitern deren Unsicherheit zu nehmen und die Auswirkungen und Anforderungen an sie klar darzustellen.

Wichtige Instrumente sind hier das Zuhören, sich in die Mitarbeiter hineinzuversetzen und sie mit ausreichend Informationen zu versorgen. Kurz gesagt, sich um sie kümmern, sie begleiten und auf die Reise zur Umsetzung der Veränderung mitnehmen. Alles ganz easy – oder auch nicht? Auf Gefühle von Menschen eingehen und deren Ängste ernst nehmen, das ist hier der Weg zum Erfolg.

Bedenken über die Umsetzung:

„Huh, wie soll ich das denn alles schaffen? Bekomme ich eine Schulung oder Einweisung oder soll ich die eierlegende Wollmilchsau spielen? Na, was nu – ich gehe schon mal sicherheitshalber auf Tauchstation?"

In dieser Stufe drehen sich die Bedenken um die Fragestellung der konkreten Steuerung der Umsetzung. Wann und wie wird mit der Änderung begonnen, was sind die einzelnen Schritte bei der Implementierung? Wer steuert die einzelnen Schritte, welche Personen sind für welche Themen die konkreten Ansprechpartner usw.?

Hier ist es sinnvoll, konkrete Zeitpläne und Schulungspläne den Mitarbeitern vorzustellen und zu erläutern. Auch die Mitarbeiter aus dem Projektteam, die als Ansprechpartner fungieren, sind zu kommunizieren, sodass auch die Kommunikationswege allen Mitarbeitern bekannt sind. Die Frage, von wem jeder Mitarbeiter Hilfe bekommt, wenn nicht alles wie geplant funktioniert, muss unbedingt beantwortet werden.

Ach ja, und noch etwas. Glauben Sie nicht, dass eine Änderung völlig reibungslos abläuft. Das habe ich bisher noch nie in meinem Berufsleben erlebt – irgendetwas geht immer schief und muss nachgesteuert werden. Als Führungskraft sitzen Sie jedoch in der ersten Reihe und bekommen diese Situationen hautnah und in voller Genusstiefe mit.

Bedenken über die Auswirkungen:

„Na, und das soll jetzt besser funktionieren als bisher? Das glaube ich ja nie im Leben. Da brauche ich für meine Brille erst noch einen Scheibenwischer, um die Vorteile der Änderung erkennen zu können."

Unternehmen bevorzugen sehr häufig als Einstieg in eine Veränderung diese Stufe und verkünden sehr intensiv die Vorteile, die Effizienzsteigerungen und weshalb die bevorstehende Änderung doch so super Synergien hebt.

Dabei wird meist vergessen, dass ein betroffener Mitarbeiter dies zu Beginn einer Änderung wie einer Umorganisation gar nicht interessiert, weil er erst die Informationen aus den drei vorhergehenden Stufen benötigt, um sich damit auseinanderzusetzen.

Nichtsdestotrotz wird diese „Überrollmethodik" sehr gern in der Praxis angewendet und hinterlässt viele Personen in Führungsetagen, die sich anschließend über die mangelnde Begeisterung auf Seiten der Mitarbeiter wundern – an was das wohl liegt.

Hier hilft, wenn Sie als Führungskraft aufzeigen, was alles gut und besser funktioniert als vorher. Suchen Sie gezielt nach Erfolgsgeschichten und teilen Sie diese mit. Oft sehen Ihre Mitarbeiter mit ihrem persönlichen Tunnelblick solche Erfolge gar nicht, obwohl diese vorhanden sind. Da hilft es schon, einfach mal darüber zu reden.

Außerdem kann ich Ihnen nur empfehlen, nicht alles durch die rosarote Brille zu sehen und vor den Dingen, die noch nicht reibungslos funktionieren, nicht die Augen zu verschließen. Diese Vogel-Strauß-Methode mag zwar vielleicht bequemer im Alltag sein, allerdings trägt sie nicht zur Problemlösung bei.

Ihre Aufgabe als Führungskraft ist es, Hindernisse zu erkennen, an der Beseitigung zu arbeiten und bei der Problemlösung mitzuhelfen. Ihre Mitarbeiter werden Ihren Realitätssinn und Ihre Ehrlichkeit zu schätzen wissen.

Bedenken über die Zusammenarbeit:

„Na, wer bist Du denn und haben wir etwas miteinander zu tun? Dann lass uns mal auf Kuschelkurs gehen und zusammenarbeiten."

In dieser Stufe stellen sich die Mitarbeiter die Frage, wer noch beteiligt und eingebunden werden sollte. Wie kann die Zusammenarbeit innerhalb der eigenen Abteilung oder zu anderen Bereichen verbessert werden? Wie und an wen werden die Neuerungen bekannt gegeben?

Die Schnittstellen zu anderen Bereichen stehen hier im Vordergrund und deren zukünftige Ausgestaltung. Denn eines ist sicher – keiner ist allein auf der Welt und das Sprichwort „Wie man in den Wald hineinruft, so schallt es zurück" gilt immer noch.

Gerade im Berufsleben und insbesondere nach organisatorischen Änderungen kann schon der Eindruck entstehen, dass nur noch das „Platzhirschdenken" vorherrscht und das Wir-Gefühl auf der Strecke geblieben ist. Außerdem ist ja jeder der Wichtigste im Unternehmen und stellt alle anderen in den Schatten – meint er zumindest.

Was können Führungskräfte hier tun? Gute Beziehungen zu anderen Teams innerhalb und außerhalb des eigenen Bereichs aufbauen. Böse Worte und boshaftes Handeln gegenüber Kollegen und anderen Bereichen kommen mit großer Sicherheit wie ein treffsicherer Bumerang wieder zurück. Da drängt sich anschließend die Frage nach dem tatsächlichen Gewinner des Schlagabtauschs auf und das ist nicht immer derjenige, der zuerst ausgeteilt hat.

Zur Verbesserung der Zusammenarbeit bieten sich entweder schriftliche Informationsunterlagen oder persönliche Workshops an, in denen die Neuerungen und vorgenommenen Änderungen sowie deren Hintergründe und Auswirkungen dargestellt werden.

Auf diese Weise werden auch die Schnittstellenpartner abgeholt und nicht im Stich gelassen. Sehr häufig befinden sich unter den Projektmitarbeitern zur Umsetzung der Änderungen wahre Talente, die gerne Schulungsmaßnahmen durchführen und als äußerst kompetente Ansprechpartner das Image des eigenen Bereichs positiv beeinflussen. Diese Mitarbeiter haben echt was drauf, laufen zu ihrer Hochform auf und freuen sich über diese zusätzliche Aufgabe, die ihnen viel Spaß bereitet. So haben alle Beteiligten etwas davon und die Änderungen umzusetzen, fällt plötzlich viel leichter.

Bedenken über Verbesserungen:

„Ach nee und das soll jetzt besser funktionieren? Na, da fallen mir doch gleich ein paar Optimierungsmöglichkeiten ein …"

In dieser Phase liegen bereits die ersten Erfahrungen vor und die Mitarbeiter erkennen, was bereits alles schon gut läuft und was noch weiter verbessert werden kann. Kurz gesagt, die Pflicht ist getan und es folgt die Kür. Nun können innovative und kreative Ideen entwickelt werden, um einen kontinuierlichen Verbesserungsprozess anzustoßen.

Eine Führungskraft tut gut daran, diesen ständigen Verbesserungsprozess voll und ganz zu unterstützen und zu fördern. Zudem ermutigt sie ihre Mitarbeiter, laufend den Status quo zu hinterfragen, setzt sich mit den Ideen und Vorschlägen der Mitarbeiter auseinander und steuert deren Umsetzung. Viele Köpfe, viele Meinungen, viele Ideen, aber die Führungskraft muss diesen Ideenreichtum kanalisieren und in eine sinnvolle Richtung lenken.

Vergessen Sie als Führungskraft nie, dass jeder Einzelne im Team von einem Veränderungsprozess betroffen ist und diesen individuell unterschiedlich wahrnimmt.

Diese sechs Stufen der Bedenken treten in jedem Veränderungsprozess in Wellen auf. Der Erfolg der Veränderung hängt maßgeblich davon ab, wie Sie auf Ihre Mitarbeiter eingehen und mit deren Bedenken umgehen.

Ich kann Ihnen nur raten, investieren Sie Zeit in Ihre Mitarbeiter, denn dieser Aufwand lohnt sich und die Chancen für positive Ergebnisse in der aktuellen Veränderung werden enorm steigen. Allein können Sie keinen Veränderungsprozess erfolgreich gestalten, Sie müssen Ihre Mitarbeiter dazu emotional abholen und „mit ins Boot nehmen".

Beliebte Motivationskiller

Die Mehrheit der Mitarbeiter ist von innen heraus motiviert und erbringt gerne Leistung. Natürlich geht jeder von uns in erster Linie zum Arbeiten, weil er Geld verdienen will, um seine Rechnungen bezahlen zu können. Aber der Faktor „Spaß an der Arbeit" ist nicht zu unterschätzen und bereichert das Arbeitsleben enorm.

Kann ein Chef eine Spaßbremse sein? Definitiv ja. Das Verhalten der Führungskraft hat großen Einfluss auf die Leistungsbereitschaft und Motivation seiner Mitarbeiter.

Sofern Sie die Mitarbeiter in Ihrem Team nicht absichtlich demotivieren wollen, verzichten Sie auf die nachfolgenden Führungsfehler, denn diese sind wahre Motivationskiller und kommen in der Praxis sehr häufig vor.

Der Chef weiß alles besser:

„Ach ja, unser Chef ist ein superduper Hecht." oder „Ui, unsere Chefin ist eine Oberlehrerin."

Solche Kommentare der Mitarbeiter lassen tief blicken, was sie davon halten, wenn ihre Führungskraft alles besser weiß. Auf Dauer verursacht dieses Verhalten, dass Verbesserungspotenziale nicht mehr durch die Mitarbeiter aufgezeigt werden. Es bringt eh nichts, denn der Chef weiß ja alles besser und hat angeblich die viel besseren Ideen, so die vorherrschende Meinung im Team.

Dieses Verhalten führt langfristig sogar zur Demotivation der Leistungsträger, die sich zurückziehen und keine offene und ehrliche Meinung mehr äußern. In der Regel verlieren die Mitarbeiter ihre Leistungsbereitschaft. Als Folge sinken die Produktivität und die Innovationsfähigkeit rapide. Will das ein Chef wirklich? Nein, und falls ja, dann hat er den falschen Job.

Syndrom „Poltergeist":

Oh ja, es gibt schon Menschen, die ihr Temperament und ihren Jähzorn nicht immer unter Kontrolle haben. Das zeigt sich häufig darin, dass solche Menschen sehr schnell ihr Gegenüber anschreien und nicht mehr zu Wort kommen lassen. Ganz beliebt ist dieses Verhalten auch noch vor versammelter Mannschaft wie zum Beispiel in Meetings. Da macht dann ein solcher Poltergeist einen Mitarbeiter vor allen Anwesenden „so richtig rund".

Der betroffene Mitarbeiter würde am liebsten im nächsten Mauseloch verschwinden. Alle anderen Anwesenden fühlen sich ebenfalls nicht wohl, denn sie wissen, dass sie das nächste Opfer sein könnten. Außerdem, solche Poltergeister werden auf Dauer von ihren Mitarbeitern nicht ernst genommen und sie haben auch keinen Respekt vor ihm.

Für eine Führungskraft gilt eindeutig das Motto: „In der Ruhe liegt die Kraft".

Unklare oder gar keine Kommunikation:

Eines ist mal sicher – Mitarbeiter können nicht die Gedanken ihres Chefs lesen oder alles, was sie tun sollen, durch hellseherische Fähigkeiten erahnen. Also ist es hilfreich, wenn eine Führungskraft klar und unmissverständlich kommuniziert. Egal ob zu Veränderungen, zu Aufgabenstellungen, zu konkreten Aufträgen, sachliche Informationen vermeiden Spannungen und die Gerüchtebildung im Team.

Verhalten „Wie eine Fahne im Wind":

Führungskräfte, die sehr häufig ihre Meinung ändern und das besonders bei „Gegenwind" gerne tun, sind sehr anstrengend für ihre Umgebung und lösen eine Menge Verärgerung sowie Unzufriedenheit bei ihren Mitarbeitern aus.

Stellen Sie sich folgende Situation vor. Ein Mitarbeiter vertritt gegenüber einem internen Kunden die klare Position, dass aus Budgetgründen dessen Büroraum nicht mit neuen Möbeln ausgestattet wird. Die vorhandenen Möbelstücke sind in einem sehr guten Zustand und entsprechen nur nicht dem persönlichen Machtanspruch des betreffenden internen Kunden. Zudem liegt eine klare Ansage der Führungskraft vor, dass in solchen Fällen keine Neubeschaffung durchgeführt wird.

So, und nun beschwert sich dieser interne Kunde bei Ihnen als Führungskraft und Sie ändern ohne einen triftigen Grund Ihre Meinung und sagen neue Möbel zu. Wie wird sich anschließend Ihr Mitarbeiter fühlen? Der fühlt sich garantiert vorgeführt und im Stich gelassen – Demotivation pur.

Machtmissbrauch:

Wenn ein Vorgesetzter seine Mitarbeiter zu etwas zwingt, was sie nicht tun wollen, spricht man von Machtmissbrauch. Damit verbunden sind bei Nichtbefolgung der Anweisung meist drastische Sanktionen wie zum

Beispiel die Androhung von Kündigung oder Gehaltskürzungen.

Solche Rahmenbedingungen führen sehr schnell zu psychischen Erkrankungen der betreffenden Mitarbeiter und zur Verringerung der Leistungsbereitschaft. Die innere Kündigung dieser Mitarbeiter ist eine Folge davon und sie gehen nur noch zum Arbeiten, um die eigene Existenz zu sichern. Sie dürfen jedoch sicher sein, dass die betreffenden Mitarbeiter versuchen, so schnell wie möglich einen anderen Arbeitsplatz zu finden und zwar weit weg von der bisherigen Führungskraft.

Angstatmosphäre:

„Ich tue lieber nichts, als dass ich etwas Falsches mache."

Falls das die vorherrschende Meinung im Team ist, hat die Führungskraft schon ganze Arbeit geleistet (in negativer Hinsicht) und eine Atmosphäre aus Angst geschaffen. Wenn die Mitarbeiter völlig verängstigt sind, verlieren sie ihre Motivation, Leistung zu erbringen.

Eine Führungskraft, die durch die Verbreitung von Angst führt, erschafft sich sehr schnell eine Art von Schreckensherrschaft, in der die Mitarbeiter nicht mehr selbstständig und eigenverantwortlich arbeiten. Auch hier ist der Spaß an der Arbeit ein Fremdwort.

Syndrom „Plaudertasche":

„Hast Du schon gehört? Unser Chef kann keine vertrauliche Information für sich behalten."

Eine solche Verhaltensweise stellt einen schwerwiegenden Vertrauensbruch dar, denn die Mitarbeiter verlassen sich darauf, dass ihr Chef über die ihm anvertrauten vertraulichen Informationen schweigen kann und sich nicht als „schwarzes Brett" hervortut. Diese Mitarbeiter werden nicht mehr ehrlich und offen mit ihrer Führungskraft verkehren, denn man weiß ja nie, bei wem und wo das Gesagte landet … – Motivation sieht anders aus.

Informationsmissbrauch:

„Mann, das gibt es doch nicht. Mir liegen schon wieder nicht alle wichtigen Informationen zu meinem Projekt vor."

Führungskräfte, die gezielt und absichtlich ihren Mitarbeitern Informationen vorenthalten und ihnen damit Schaden zufügen, missbrauchen ihre Rolle. Darunter fallen auch Vorgehensweisen wie Infos nicht vollständig weitergeben, gezielt falsche Infos weitergeben, Mitarbeiter nicht in Mailverteiler aufnehmen, einen Mitarbeiter zu spät zu einem Meeting einladen und ihn anschließend vor allen anderen Teilnehmern wegen Unpünktlichkeit vorführen. Das ist zwar ein Führungsstil, allerdings keiner, mit dem Mitarbeiter motiviert und Erfolge erzielt werden.

Mitarbeiter „im Regen stehen" lassen:

„Ich wünsche mir, dass mein Chef sich schützend vor mich stellt, wenn der Wind von vorne kommt."

Von dieser Verhaltensweise träumen alle Mitarbeiter – ausnahmslos, und wer etwas anderes behauptet, ist nicht ehrlich zu sich selbst. Die Motivation eines Mitarbeiters leidet enorm, wenn er das Gefühl hat, dass er mit einer Aufgabe ins kalte Wasser geworfen wird und wenn er Hilfe und Unterstützung durch seine Führungskraft benötigt, allein gelassen wird.

Manche Führungskräfte ignorieren auch die Tatsache, dass jeder Mensch nicht gerne in großer Runde kritisiert wird und sein Chef sich dann nicht schützend vor ihn stellt. Es kommt zudem gar nicht gut bei der Belegschaft an, wenn ein einzelner Mitarbeiter für ein nicht so gutes Teamergebnis allein verantwortlich gemacht wird.

Durch diese Verhaltensweisen gelingt es jeder Führungskraft, das Vertrauen der Mitarbeiter zu verlieren und dass diese keine Lust mehr haben, sich zu engagieren oder die Ziele zu erreichen. Blöd gelaufen – das ging dann wohl schief.

Ungelöste Konflikte im Team:

„Wir rödeln uns alle einen ab und unser lieber Kollege schiebt eine ruhige Kugel."

Häufig ignorieren Führungskräfte Störungen und Spannungen im Team getreu dem Motto: „Das wird sich schon wieder einrenken." Aus Angst davor, einen einzelnen Mitarbeiter mit direkter Kritik zu demotivieren, übersehen sie, dass sie mit ihrem Nichteingreifen alle anderen Teammitglieder demotivieren. Oft bemerkt diese Führungskraft nicht, dass sie mit dem Gewährenlassen eines Drückebergers oder eines einzelnen Störenfrieds alle anderen Mitarbeiter frustriert und deren Unzufriedenheit schürt.

Lösen Sie Konflikte im Team frühzeitig, denn ein kleines Feuer ist einfacher zu löschen, als wenn der ganze Dachstuhl bereits brennt. Oh ja, in diesen Fällen kann Ihr Feuerlöscher eventuell schon zu klein sein, wenn Sie zu lange warten. Also, hören Sie aufmerksam hin und achten Sie auf die Stimmung in Ihrem Team.

So, das waren nun die Fehler, die von Führungskräften sehr häufig begangen werden und die sehr Erfolg versprechend sind, wenn das Betriebsklima im Team nachhaltig gestört werden soll. Mit diesen Verhaltensweisen können sogar Leistungsträger und grundsätzlich hochmotivierte Mitarbeiter über ihre Frustrationsgrenze gebracht werden. Einfacher ist das Leben ohne diese Fehler und Motivationskiller – das kann ich Ihnen versprechen.

Feedbackregeln

Stellen Sie sich bitte folgende Situation vor. Ich sitze als Führungskraft mit meinem Mitarbeiter, dessen Spitzname „Zündschnur" ist, im jährlichen Beurteilungsgespräch. Er gehört nicht zu den Leistungsträgern im Team und reagiert ein klitzekleines bisschen empfindlich auf Kritik.

In der ersten Hälfte des Gesprächs tauschten wir uns über seine Stärken aus und über die Dinge, die rückblickend im vergangenen Jahr gut gelaufen sind. Puh – das lief ja bis dahin soweit ganz gut und er lächelte mich mit einem treuherzigen Dackelblick gelegentlich an.

Nun kam allerdings der schwierige Teil. Als ich seine erste Schwäche beschrieb und sein damit verbundenes Verbesserungspotenzial aufzeigte, konnte ich deutlich erkennen, wie sich seine Augen immer mehr zu schmalen Schlitzen verengten.

Kein gutes Zeichen – auch das „Brodeln" in seinem Inneren konnte ich nicht mehr übersehen. Er stand eindeutig kurz vor einem Tobsuchtsanfall und ich war mir sicher, dass ich dabei mitten im Auge des Wirbelsturms sein würde. Oh, oh, dabei waren wir inhaltlich erst bei seinem ersten Verbesserungspotenzial angekommen und ich hatte mir vorgenommen, alle drei anzusprechen.

Spätestens zu diesem Zeitpunkt wurde mir klar, wie wichtig es ist, Feedbackregeln zu kennen und diese anwenden zu können. Sie erhöhen die Chance auf eine erfolgreiche Gesprächsführung deutlich, auch wenn die Themenpunkte nicht immer angenehm sind.

Beim Feedbackgeben handelt es sich um ein Führungsinstrument, das in erster Linie dazu dient, das Selbstbild einer Person mit deren Fremdbild abzugleichen. Ein Feedback vom Chef oder von Kollegen eröffnet dem Betroffenen die Chance, das Delta zwischen Selbst- und Fremdbild zu erkennen und sich zu verbessern. Erfahrungsgemäß entspricht die Selbstwahrnehmung nie der Wahrnehmung von außen und ohne eine konstruktive Rückmeldung von anderen Personen ist dies für einen persönlich kaum erkennbar.

Die Voraussetzung für ein erfolgreiches Feedback ist gegenseitiges Vertrauen. Nur wenn dieses vorhanden ist, ist der Empfänger des Feedbacks auch bereit, dieses anzunehmen und die Chance darin zu erkennen. Ist keine Vertrauensbasis vorhanden, mündet ein Gespräch sehr schnell in Rechtfertigungsargumenten, weshalb das gezeigte Verhalten auf jeden Fall korrekt war und auch zukünftig nicht geändert wird. Tja, das hat dann mal nicht funktioniert.

Aber ganz ehrlich, wenn Feedback mit Kritik verbunden ist und sei sie noch so konstruktiv und schonend, ist die erste Reaktion eines jeden Menschen, dass er sich verletzt fühlt. Entscheidend ist jedoch der Zeitraum, wie lange dieses Verletztsein anhält und bis der Blick sich wieder klärt, um das aufgezeigte Verbesserungspotenzial anzunehmen und darüber nachzudenken. Kurz gesagt, es gibt Regeln für den Feedbackgeber und für den Empfänger. Diese schauen wir uns nun an.

Die 5 wichtigsten Regeln für den Feedbackgeber

1. Kritik nur im Vieraugengespräch

Einen Mitarbeiter vor versammelter Runde zu kritisieren, erzeugt nur Ärger, denn dieser empfindet Ihre Rückmeldung in erster Linie als persönlichen Angriff. Der Betroffene wird sehr wahrscheinlich sofort in den Verteidigungsmodus wechseln und nicht auf Ihr Feedback achten, geschweige denn sich etwas davon mitnehmen.

Mit dieser Vorgehensweise können Sie sicher sein, dass Sie Ihren Mitarbeiter emotional im Bruchteil einer Sekunde auf den höchsten Wipfel einer Palme befördern und er nicht mehr in der Lage sein wird, Ihre Ratschläge und Tipps anzunehmen oder gar darüber nachzudenken.

In Großraumbüros oder modernen offenen Bürowelten, die zum Mitlauschen geradezu einladen, sollten Sie kein Feedback geben. Es ist besser, Sie gehen mit dem betreffenden Mitarbeiter in einen separaten Raum wie zum Beispiel in einen Think tank oder leeren Besprechungsraum. Die anderen Mitarbeiter im Team müssen nicht alles wissen oder gar live und in Farbe miterleben. Kritik ist eine Sache nur zwischen Ihnen und dem Betroffenen, und zwar egal wie schonungsvoll oder wertschätzend diese vorgebracht wird – sie tut im ersten Moment immer weh.

Unter vier Augen geben Sie jedoch Ihrem Mitarbeiter die Chance, sich das Feedback anzuhören und im Anschluss daran sich damit auseinanderzusetzen. Er wird eine Verdauungsphase benötigen, bis er Ihre positiven Anregungen und Tipps erkennen und hoffentlich beherzigen wird.

2. Subjektiv formulieren

Stellen Sie sich folgende Situation vor. Ihr Mitarbeiter hat das erste Mal in Ihrem Team bei einem Präsenzmeeting ein Thema vorgetragen und eine von ihm erstellte Präsentationsunterlage vorgestellt. Da es sein erster Vortrag war, lief dieser nicht wirklich gut. Insbesondere seine Präsentationsunterlage entsprach ganz und gar nicht den Erwartungen.

Für einen Zeitansatz von fünfzehn Minuten hatte er dreißig Folien vorbereitet, die eng mit Fließtext und ohne Bilder oder Grafiken beschrieben waren. Zudem trug er die Folien nicht vor, sondern las sie nur ab. Um das bewerkstelligen zu können, musste er natürlich die meiste Zeit mit dem Rücken zu den Zuhörern stehen, da sein Laptop zum Ablesen zu weit von ihm entfernt lag. Tja, ein gelungener Vortrag sieht wohl anders aus.

Eine Rückmeldung an den Mitarbeiter könnte dann so aussehen: „Ihre Präsentation war grottenschlecht, viel zu viele Folien und zu unübersichtlich. Außerdem ist Ihr Sakko am Rücken total verknittert und das konnten wir ja ausgiebig betrachten."

Eine solche Aussage würde zwar Ihr persönliches Empfinden vermutlich ziemlich genau widerspiegeln, allerdings würden Sie Ihren Mitarbeiter gefühlt mit einem Vorschlaghammer treffen.

Ihre Kritik steht in dieser Form als Fakt im Raum verbunden mit einer gewissen Objektivität und führt dazu, dass der Betroffene sofort in Abwehrhaltung gehen wird. Nun ja, in diesem Fall haben Sie dann wohl mit Ihrem Feedback keinen Blumentopf gewonnen.

Wie können Sie geschickter formulieren? Indem Sie mit subjektiven Formulierungen Ihre persönliche Wahrnehmung darstellen, zum Beispiel „ich hatte den Eindruck …", „das hat auf mich gewirkt …", „ich habe das als … empfunden …".

Ein Feedback Ihrerseits könnte entsprechend wie folgt aussehen: „Ich hatte den Eindruck, dass die Vielzahl der Folien dazu führte, dass nicht alle Zuhörer Ihnen folgen konnten. Zudem wirkten die einzelnen engbeschriebenen Seiten auf mich unübersichtlich, sodass ich mich fragte, welche Botschaft Sie uns tatsächlich mitteilen wollten. Ihren Rücken zu betrachten, habe ich als unangenehm empfunden und ich wünschte mir, ich hätte Ihnen öfters in Ihr lächelndes Gesicht sehen können."

Damit schildern Sie Ihre persönliche Wahrnehmung, die nicht deckungsgleich mit dem Empfinden des Mitarbeiters sein muss. Allerdings geben Sie ihm mit Ihrem Feedback die Möglichkeit, nicht sofort in eine Abwehrhaltung gehen zu müssen, sondern über die Kritikpunkte nachzudenken und Ihre Anregungen aufzunehmen.

3. Konkrete Punkte nennen

Wie sage ich es meinem Mitarbeiter? Am besten ganz konkret und nicht zu allgemein gehalten. Eine Rückmeldung wie zum Beispiel „Ihre Präsentation war zu langweilig ..." bewirkt keine positive Veränderung.

Am besten kann Ihr Mitarbeiter ganz konkret benannte Verbesserungspotenziale nachvollziehen. Die könnten wir folgt lauten: „Ich glaube, dass die Anzahl der Folien für fünfzehn Minuten einfach zu viel waren und auf den einzelnen Seiten zu viel Text enthalten war. Ich denke mit weniger Text und nur durch die Nennung der wesentlichen Themen sowie ergänzt um ein paar Grafiken wird Ihre Präsentationsunterlage viel anschaulicher und verständlicher. Die Einzelheiten zu den wesentlichen Punkten können Sie aus meiner Sicht mündlich ergänzen und haben somit auch die Möglichkeit, Ihre Zuhörer beim Vortrag anzusehen."

Auf diese Art und Weise ist für Ihren Mitarbeiter erkennbar, welche konkreten Verbesserungen er beim nächsten Mal vornehmen kann – und es hoffentlich auch tun wird.

4. Fokus auf das Wesentliche

Natürlich könnten Sie bei Ihrem Mitarbeiter, der die Präsentation derart vergeigt hat, folgende Punkte kritisieren:

- Keine Begrüßung der Zuhörer
- Keine Einleitung

- Zu viele Folien
- Zu kleiner Schriftgrad
- Zu viel Text
- Keine Bilder, keine Tabellen
- Keine strukturierte Darstellung
- Tippfehler
- Zu leise gesprochen
- Kein Blickkontakt mit den Zuhörern
- Mit dem Rücken zum Publikum
- Monotone Redeweise, keine Akzentuierung
- Ablesen von Text und keine freie Rede
- Völlige Unsicherheit
- Unruhiger Stand
- Unvorteilhafte Kleidung

So, wenn Sie diese Punkte nun alle auf einmal in Ihrem Feedback dem Mitarbeiter um die Ohren hauen, dürfen Sie sich anschließend nicht wundern, wenn dieser vollkommen geplättet ist und denkt: „Ich kann ja gar nichts, ich bin ein Versager und will in einem Mauseloch verschwinden."

In dieser Situation ist der Mitarbeiter völlig überfordert, alle Themenpunkte anzunehmen und genau hinzuhören, was Sie ihm sagen. Er ist gar nicht in der Lage, das Feedback anzunehmen. Aus diesem Grund empfehle ich Ihnen, beschränken Sie sich im ersten Anlauf auf ein paar wenige und auf die wichtigsten Punkte, die er beim nächsten Mal verbessern soll. Die weiteren Themen können danach in Angriff genommen werden – Schritt für Schritt. Denken Sie daran, mit Ihrem Feedback wollen Sie dem Mitarbeiter helfen und ihn nicht demoralisieren.

5. Zeitnahes Feedback

Es ist wichtig, dass Feedback zeitnah gegeben wird und nicht erst Wochen oder gar Monate später, denn dann verliert es seine Wirkung. Wenn ein Feedback erst Monate später gegeben wird, erinnert sich der Mitarbeiter doch kaum mehr an die konkrete Situation. Zudem schätzt er das Feedback auch nicht als besonders wichtig ein, denn ansonsten wären Sie ja schon viel früher damit um die Ecke gekommen.

Wichtig ist auch, dass der Mitarbeiter für das Feedback ein offenes Ohr hat und Ihnen zuhören kann. In einer Situation, in der der Mitarbeiter gerade aus dem Meeting kommt, bereits selbst weiß, dass die Präsentation schiefgelaufen ist und entsprechend innerlich aufgewühlt ist, kommen Sie mit Ihrem Feedback nicht gerade zum richtigen Zeitpunkt. Er ist emotional gar nicht in der Lage, ihre Rückmeldung zu verarbeiten oder gar sich Verbesserungen vorzunehmen.

Geben Sie ihm etwas Zeit und die Gelegenheit, sich wieder zu beruhigen. Ein Feedback nach einer gewissen Verarbeitungsphase des Geschehenen erhöht die Chance auf Erfolg.

Sofern Sie die vorher genannten Punkte in Ihren Gesprächen beherzigen, stehen Ihre Chancen auf Erfolg ganz gut. Natürlich wird es immer schwierige Mitarbeiter wie zum Beispiel meine „Zündschnur" geben, bei denen auch die Anwendung aller Feedbackregeln nicht automatisch den Erfolg garantiert. Allerdings können auch in solchen Gesprächen manche Spannungen vermieden werden. Dies erhöht die Chance, dass der betreffende Mitarbeiter etwas für sich mitnimmt und beim nächsten Mal besser macht. Dann haben Sie schon gewonnen.

Die wichtigsten Regeln für den Feedbacknehmer

1. Zuhören

Feedback zu erhalten, ist eine Chance, um an sich selbst zu arbeiten. Es ist schon interessant herauszufinden, wie das eigene Selbstbild zur Fremdwahrnehmung passt. Manchmal liegen die beiden Bilder gar nicht so weit auseinander und manchmal würde ein ganzer Planet dazwischen passen.

Bei einem Feedback geht es nicht darum, wer nun recht hat, sondern es geht darum, wie eine Person auf andere wirkt und sich in die Lage des Feedbackgebers zu versetzen.

Auch als Führungskraft ist es wichtig, sich von seinen Mitarbeitern Feedback einzuholen und einfach einmal aufmerksam zuzuhören. Ich weiß, es ist nicht immer ganz einfach, egal ob als Mitarbeiter oder als Führungskraft, nicht sofort in eine Abwehrhaltung zu verfallen und somit ein Feedback von Anfang an abzublocken. Also, einfach einmal die Zähne zusammenbeißen, still sein und zuhören. Das Reden kommt danach.

2. Nachdenken

Wie bereits erwähnt, verletzt Kritik immer. Es kommt allerdings darauf an, die Zeitspanne des Verletztseins auf ein Minimum zu beschränken. Denn erst anschließend ist der Feedbackempfänger wieder in der Lage, sich mit kühlem Kopf mit den einzelnen Anregungen zu beschäftigen und damit auseinanderzusetzen.

Nur zuhören allein, reicht nicht aus, sondern jeder, der ein Feedback erhält, sollte sich Gedanken machen, was er persönlich daran nachvollziehen und anschließend konkret verbessern kann. Es ist und bleibt eine Chance, die verloren geht, wenn Feedback nicht angenommen und nur auf Grund von verletzter Eitelkeit abgeblockt wird. Mensch sein ist nicht immer ganz einfach, aber jeder hat es selbst in der Hand, was er daraus macht.

__Die wichtigsten Erkenntnisse__

Entscheidungen treffen:

Entscheidungen zu treffen, erfordert Mut, den nicht jede Führungskraft besitzt. Es besteht immer das Risiko, dass die eigene Entscheidung nicht optimal ist.

Entscheidungen haben es an sich, dass Sie erst zu einem späteren Zeitpunkt erkennen können, ob Sie die richtige getroffen haben. Das sollte Sie allerdings nicht davon abhalten, Entscheidungsstärke zu zeigen und zu handeln.

Aus Fehlern zu lernen, ist auch eine Fähigkeit, die von einer erfolgreichen Führungskraft erwartet wird. Nichts tun und einfach abwarten, ist keine Option.

Trauen Sie sich, eine Entscheidung zu treffen, die eventuell im Nachgang auch mal falsch sein kann. Es ist besser, dieses Risiko einzugehen, als nichts zu tun, denn Nichtstun steht für Stillstand. Führen bedeutet aktiv sein, aktiv steuern und nicht aussitzen. Also – nur Mut.

Selbstreflektion:

Um erfolgreich zu sein, ist es wichtig, dass Sie Ihre Stärken und Schwächen kennen – Sie müssen sich selbst gut kennen. Wenn Ihnen Ihr eigenes Handeln bewusster ist, treffen Sie auch Ihre Entscheidungen gezielter und sicherer. Dazu ist es erforderlich, dass Sie bei Fehlern die Situation genau analysieren und die Ursachen ergründen. Nur so sind Sie in der Lage, den gleichen Fehler nicht nochmals zu begehen und daraus zu lernen.

Übrigens gehört zur Selbstreflektion auch der Abgleich zwischen Selbst- und Fremdbild. Also fragen Sie doch ab und zu Ihre Mitarbeiter, wie Sie auf diese wirken. Ja, ich weiß, dass dazu eine große Portion Mut gehört, aber über die Ergebnisse werden Sie erstaunt sein. Es hilft Ihnen, Ihr Selbstbild zu korrigieren und sich weiterzuentwickeln. Voraussetzung ist jedoch, dass Sie das auch ernsthaft tun wollen.

Aufmerksam zuhören:

Manche Führungskräfte neigen dazu, viel zu viel zu reden und Ihren Mitarbeitern nicht zuzuhören. Das ist ungeschickt, denn keine Führungskraft ist allwissend. Es wird auch von keinem Chef erwartet, dass dieser auf jede Frage die passende Antwort kennt. Es tut auch nicht weh, wenn Sie als Chef zugeben, dass Sie die Antwort auf eine Frage nicht kennen. Sie haben Mitarbeiter, die Sie fragen können und die Ihnen bestimmt gerne die Details mitteilen oder diese recherchieren, sofern Sie ihnen zuhören.

Außerdem ist es klüger, sich zu einem Thema die Meinung anderer Personen einzuholen, denn keiner hat das alleinige Wissen oder die Wahrheit für sich gepachtet. Glauben Sie mir, Ihre Mitarbeiter haben ausgezeichnete Ideen, die Sie bereichern werden. Sie müssen nur fragen und zuhören.

Mitarbeiter frühzeitig einbeziehen:

Egal ob bei Arbeitsaufträgen oder Neuerungen, beziehen Sie Ihre Mitarbeiter frühzeitig ein. Sie profitieren nicht nur von deren Fachwissen, Ideen und Kreativität, sondern Ihre Mitarbeiter spüren, dass Sie von Ihnen ernst genommen werden.

Das fördert die Leistungsbereitschaft Ihrer Mitarbeiter und das gesamte Arbeitsklima. Zudem erhöht es auch die Akzeptanz der Mitarbeiter gegenüber schwierigen oder unangenehmen Themenstellungen, da sie aktiv einbezogen werden und daran mitwirken können. Etwas vorgesetzt zu bekommen gemäß dem Motto „Vogel friss oder stirb" kommt auch bei Mitarbeitern nicht gut an.

Pareto-Prinzip anwenden:

Im Alltag wird jede Führungskraft von der Terminfülle und Mailflut getrieben. Der Tag hat allerdings nur vierundzwanzig Stunden und es ist noch kein Mittel erfunden worden, einen Tag auf sechsunddreißig Stunden auszudehnen und das ist auch gut so. Stattdessen ist es besser, Aufgaben nach dem Pareto-Prinzip zu priorisieren.

Das Pareto-Prinzip besagt, dass häufig in 20 Prozent der zur Verfügung stehenden Zeit ungefähr 80 Prozent der Aufgaben erledigt werden können. Die restlichen 20 Prozent der Aufgaben benötigen allerdings die restlichen 80 Prozent der Zeit.

Um Ihr Selbstmanagement zu steigern, empfehle ich Ihnen, nicht immer 100 Prozent der Aufgaben erfüllen zu wollen, sondern diese zu priorisieren und den Fokus auf die Aufgaben zu legen, die nur 20 Prozent des Zeit- und Energieaufwandes erfordern, dafür jedoch 80 Prozent an Arbeitserledigung bringen. Die restlichen 20 Prozent an Aufgaben sind erfahrungsgemäß nur mit einem sehr hohen Aufwand zu erfüllen, der meist in keiner angemessenen Relation zum Nutzen steht.

Mit dieser Vorgehensweise gelingt es Ihnen auch, den eigenen Perfektionismus einzubremsen, der sehr oft im Alltag gar nicht erforderlich ist und gelegentlich einer effizienten Aufgabenerledigung im Wege steht.

Zeit für Mitarbeiter einplanen:

Auf Grund der vielen Termine und Fachthemen ist es heute normal, dass eine Führungskraft von einem Termin zum nächsten saust. Ihre Mitarbeiter sieht sie dabei entweder nur in den frühen Morgen- oder Abendstunden, sofern diese noch anwesend sind. Ihre Mitarbeiter wollen sich jedoch mit Ihnen zu Arbeitsaufträgen usw. austauschen und abstimmen. Zudem ist es auch für Sie erforderlich, Ihre Mitarbeiter über neue Themen und Aufträge zu informieren und dazu brauchen Sie Zeit.

Aus diesem Grund empfehle ich Ihnen, entsprechende Zeitfenster als fixe Bestandteile in Ihre Tages- und Wochenplanung in Ihren Kalender aufzunehmen. Denn eines ist sicher, der Tag läuft immer anders ab als geplant. Wenn morgens noch freie Zeitfenster am bevorstehenden Arbeitstag vorhanden waren, die zum Beispiel für Mitarbeitergespräche genutzt werden könnten, sind diese bereits nach kurzer Zeit durch unvorhersehbare Themen und Termine aufgezehrt worden.

Sofern Sie solche Zeitfenster einplanen, werden Ihre Mitarbeiter es Ihnen danken. Sie selbst profitieren ebenfalls davon, da Sie zu vielen Themen von Ihren Mitarbeitern den aktuellen Sachstand erfahren und somit Ihren Wissensstand laufend aktualisieren.

Nachdenken:

Bei dem alltäglichen Berufsstress kommt sich manche Führungskraft vor wie ein emsiger Hamster im Rad. An manchen Tagen fehlt dann nur noch der schwungvolle Überschlag im Hamsterrad. Falls es Ihnen ebenfalls so ergeht, werden Sie von einem Termin zum anderen und von einem Thema zum nächsten getrieben. Dabei fehlt sehr häufig die Zeit, um sich auf ein Thema zu konzentrieren und einfach einmal in Ruhe darüber nachzudenken.

Dennoch rate ich Ihnen, planen Sie auch hierzu Zeitfenster ein. Denn über ein Thema oder über eine Aufgabe konzentriert nachzudenken, schützt Sie vor blindem Aktionismus, der am Ende meist nicht das gewünschte Ergebnis bringt und Sie sowie Ihre Mitarbeiter gefühlt nur schwindlig werden lässt. Der Satz „Aktionismus ersetzt geistige Flaute" bewahrheitet sich in der Praxis immer wieder.

Klare Worte:

Nichts treibt Mitarbeiter schneller in die Verzweiflung als eine wolkige Aufgabenstellung, ungenaue Ziele oder schwammige Anweisungen. Das können Sie vermeiden, indem Sie Ihre Erwartungen und die angestrebten Ergebnisse klar und präzise gegenüber Ihren Mitarbeitern zum Ausdruck bringen.

Auch hier ist der persönliche Kontakt oft besser und kann nicht durch eine gesendete Mail ersetzt werden. Im persönlichen Gespräch gelingt es Ihnen besser festzustellen, ob Ihr Anliegen korrekt verstanden worden ist oder ob Sie gezielt nachsteuern müssen.

Menschliche Größe zeigen:

Nobody is perfect – auch Führungskräfte nicht. Geben Sie einfach zu, wenn Ihnen ein Fehler unterlaufen ist. Deswegen gerät das eigene Krönchen nicht in eine gefährliche Schieflage. Im Gegenteil, zu seinen Fehlern zu stehen, verschafft Ihnen bei Ihren Mitarbeitern Anerkennung und Respekt. Lediglich Ihr Stolz könnte Ihnen dabei im Wege stehen. Es tut auch nicht weh, sich bei den Mitarbeitern zu entschuldigen, wenn Sie sich einmal nicht ganz korrekt verhalten haben.

Ein zweiter Aspekt besteht darin, sich bei Ihren Mitarbeitern zu bedanken. Ja, diese werden zwar für Ihre Arbeit jeden Monat bezahlt, es tut Ihnen dennoch gut, wenn die geleistete Arbeit nicht als selbstverständlich erachtet wird. Durch ein gelegentliches „Danke" steigen die Motivation und die Zufriedenheit der Mitarbeiter mit ihrer Arbeit an. Dankbarkeit zeigen und sich entschuldigen, zeugen ebenfalls von menschlicher Größe.

Perspektivenwechsel:

Für eine erfolgreiche Führungskraft sind Menschenkenntnis und die Fähigkeit, sich in andere hineinzuversetzen, entscheidende Faktoren.

Zu erkennen, was jeden einzelnen Mitarbeiter motiviert und welche Ziele er anstrebt, helfen Ihnen, die Perspektive zu wechseln und manche Situationen aus dem Blickwinkel des Mitarbeiters zu betrachten. Dazu gehört auch, dass Sie die Bedürfnisse Ihrer Mitarbeiter kennen und nicht außen vorlassen – trotz allem Stress und der monatlichen Bezahlung Ihrer Mitarbeiter. Sie sind Menschen mit Gefühlen und keine leblosen Maschinen.

Erwartungen erhöhen:

Setzen Sie Ihre Erwartungen an Ihr Team und an die einzelnen Mitarbeiter nicht zu niedrig an. Erfahrungsgemäß erhalten Sie das, was Sie erwarten. Wenn Sie schon im Vorfeld Ihrem Team nicht viel zutrauen, brauchen Sie sich auch nicht zu wundern, wenn die Ergebnisse nicht Ihren Erwartungen entsprechen. Es stimmt schon, dass ein Mitarbeiter mit den an ihn gestellten Erwartungen und mit seinen Aufgaben wächst. Allerdings nur, wenn er die Chance dazu bekommt und Sie ihn dabei begleiten.

Der schlaue Kommentar am Ende

Nun ja, eine Erkenntnis habe ich in den vielen Jahren als Führungskraft gewonnen. Die Übernahme eines Führungsjobs gleicht einer Abenteuerreise in ein unbekanntes Land und ohne Garantie auf Erfolg oder der Erreichung des angestrebten Ziels. Für Spannung, Abwechslung, unruhige und kurze Nächte sowie viel gemeinsames Lachen ist auf jeden Fall gesorgt.

Entscheidend war jedoch für mich, dass ich nach begangenen Fehlern immer wieder weitergemacht und nicht aufgegeben habe, und zwar getreu dem Motto: „Hinfallen, aufstehen, kräftig schütteln, Krönchen richten, weitermachen". Das war zwar nicht immer einfach und erforderte sehr viel Überwindung, insbesondere Selbstdisziplin.

Die größte Herausforderung war dabei jedoch, mich selbst regelmäßig ehrlich einzuschätzen, was mitunter sehr wehgetan hat. Das wichtigste Instrument auf meinem Weg als Führungskraft war das ständige Lernen und die laufende Weiterentwicklung meiner eigenen Person. Denn meine Mitarbeiter und deren Persönlichkeitsstrukturen konnte ich nicht wirklich ändern, wobei sich viele davon sehr gut entwickelt haben.

Also lag es an mir, meine Einstellungen zu ändern, meine Fähigkeiten zu erweitern, neue Techniken zu erlernen, um mit dem Wunder „Mensch" in seiner vielfältigen Ausprägung klarzukommen.

In diesem Sinne wünsche ich Ihnen, lernen Sie aus meinen Fehlern, beherzigen Sie den einen oder anderen Tipp von mir, gehen Sie mit einem klaren Ziel vor Augen Ihren eigenen Weg und dann klappt es auch mit Ihren Mitarbeitern.

Danksagung

Wieder einmal hat mich mein Mann aus vollen Kräften unterstützt. Dabei sieht seine Unterstützung sehr unterschiedlich aus.

An manchen Tagen werde ich von ihm mit schlagfertigen, humorvollen oder auch zum Nachdenken anregenden Kommentaren beglückt. An anderen Tagen geht er mir dann lieber aus dem Weg und lässt mich in Ruhe in meiner Lieblingsecke im Wohnzimmer die Tastatur meines Laptops malträtieren. Dabei reicht gelegentlich schon ein strenger Blick meinerseits über den oberen Brillenrand hinaus, um ihn erfolgreich in die Flucht zu schlagen.

Ja, ich weiß es sehr zu schätzen, dass er mir meinen Freiraum für meine gedanklichen Kapriolen lässt. Sein Verständnis und seine aufmunternden Worte tun gut und helfen mir beim Schreiben. Danke Andreas.

www.ingramcontent.com/pod-product-compliance
Lightning Source LLC
Chambersburg PA
CBHW020447220526
45464CB00002B/900